# Le flou & la littérature

Ce livre est le 93ème livre de la

dirigée par François Soulages & Michel Costantini

**Comité scientifique international de lecture**

*Argentine* (Silvia Solas, Univ. de La Plata), *Brésil* (Biagio D'Angelo, Univ. de Brasilia), *Chili* (Rodrigo Zuniga, Univ. du Chile, Santiago), *Corée du Sud* (Hyeonsuk Kim, Chung-ang University, Séoul), *Espagne* (Pedro San Gnés, Univ. Granada), *France* (Michel Costantini & François Soulages, Univ. Paris 8), *Grèce* (Panayotis Papadimitropoulos, Univ. d'Ioanina), *Japon* (Kenji Kitamaya, Univ. Seijo, Tokyo), *Hongrie* (Anikó Ádam, Univ. Pázmány Péter, Egyetem), *Malte* (Richard Spiteri, Univ. de La Valette)

### Série LITTÉRATURE

46 Michel Costantini (dir.), *Sémiotique des frontières, art & littérature*
70 Aniko Adam, *Du vague des frontières. Espaces, littératures & langues*
76 François Soulages (dir.), *Malraux, le passeur de frontières*
93 François Soulages (dir.), *Le flou & la littérature*
96 Richard Spiteri, *Benjamin Péret. Travail en chantier*
109 Edmond Nogacki, *Plasticité de la poésie de René Char*
117 Vincent Metzger, *Henri Michaux. Fiction & diction*
119 Biagio D'Angelo, *Espace. Topographies imaginaires. Écrits parisiens 2017-8, 1*
120 Biagio D'Angelo & François Soulages (codir.), *Temps. Photographie & littérature. Écrits parisiens 2017-8, 2*
121 Biagio D'Angelo, *Espace-Temps. Proust & les créations contemporaines. Écrits parisiens 2017-8, 3*

### Série PHILOSOPHIE

11 Michel Gironde (dir.), *Les mémoires de la violence*
12 Michel Gironde (dir.), *Méditerranée & exil. Aujourd'hui*
49 Dominique Chateau, *Théorie de la fiction. Mondes possibles et logique narrative*
60 François Soulages & Aniko Adam (dir.), *Les frontières des rêves*
62 Michel Godefroy, *Chirurgie esthétique & frontières de l'identité*
63 Thierry Tremblay, *Frontières du sujet. Une esthétique du déclin*
64 Stéphane Kalla Karim, *Les frontières du corps & de l'espace. Newton*
66 Vladimir Mitz, *La transgression des frontières du corps. La chirurgie esthétique*
67 Bernard Salignon, *Frontières du réel où l'espace espace*
68 Dominique Chateau, *L'art du fragment. Frontières apparentes & frontières souterraines*
69 Pierre Kœst, *Aux frontières de l'Humain. Essai sur le transhumanisme*
71 Gabriel Baudrand, *Mathématiques & frontières*
73 Philippe Boisnard, *Frontières du visage (analogique-numérique)*
74 Aniko Adam, Aniko Radvanszky & François Soulages (dir.), *L'homme qui rêve*
75 François Soulages & Alejandro Erbetta (dir.), *Frontières & mémoires, arts & archives*
77 Alain Milon & Shu-Ling Tsai, *Figures de l'homme. Au croisement des différences*
81 François Soulages (dir.), *Les frontières des langues*
101 François Soulages (dir.), *La crise du visage*

### Série IMAGE

14 Eric Bonnet (dir.), *Esthétiques de l'écran. Lieux de l'image*
18 Bernard Lamizet, *L'œil qui lit. Introduction à la sémiotique de l'image*
35 Pascal Martin & François Soulages (dir.), *Les frontières du flou*
36 Pascal Martin & François Soulages (dir.), *Les frontières du flou au cinéma*
40 Marie-Luce Liberge, *Images & violences de l'histoire*
56 François Soulages & Sandrine Le Corre (dir.), *Les frontières des écrans*
61 M. Rinn & N. Narváez Bruneau (dir.), *L'Afrique en images*
82 Stéphane Kalla Karim (dir.), *Mises en scène de l'invisible. Frontières de l'image & du sens 1*
83 S. Kalla Karim (dir.), *Espace-temps & mémoire de l'œuvre d'art. Frontières de l'image & du sens 2*
88 J. Medina, M. Mora & F. Soulages (codir.), *Frontières & dictatures. Images, regards – Chili, Argentine*
89 Marie-Luce Liberge (dir.), *Rire, Violence, Histoire dans les images & les œuvres*
105 Marion Delgoulet, *La conquête de l'invisible. Aux frontières des images mentales*
110 Jean-Christian Bourcart, Anne-Lise Large & François Soulages (codir.), *Les frontières du visible. New York*

*Les autres titres de la Collection* Eidos *sont donnés à la fin de ce livre*

Sous la direction de
**François Soulages**

# Le flou & la littérature

L'Harmattan

© L'Harmattan, 2018
5-7, rue de l'Ecole-Polytechnique, 75005 Paris

http://www.editions-harmattan.fr

ISBN : 978-2-343-14936-3
EAN : 9782343149363

## Introduction

# Travaillez le flou !

> *Des mots me reviendraient en mémoire :*
> *le cinq neutre.*
> *Et aussi un homme brun en costume gris*
> *que j'avais eu à peine le temps de croiser,*
> *sans savoir qu'il était dentiste ou non.*
> *Et les visages de plus en plus flous de mes parents.*
> Patrick Modiano[1]

Le flou semble être le signe d'un défaut, d'une défectuosité, d'un manque, d'un négatif. Est-ce si sûr ? Faut-il en rester à l'idéal classique de clarté et de précision d'un Boileau ou d'un Descartes ? Si cet idéal est nécessaire en mathématiques et en logique, fécond dans les sciences expérimentales, en est-il de même en art ?

Ainsi, en littérature, le flou est-il un obstacle ou bien, au contraire, un fabuleux outil permettant à l'auteur et au lecteur d'opérer des interprétations sans cesse renouvelées du monde extérieur, du monde intérieur, du monde créé qu'ils visent ? De telle sorte qu'accèdent aux loges d'honneur, certes, le style et la forme, mais surtout les problèmes philosophiques du récl, des rapports sujet/objet, du rapport au monde, du sa-

---

[1] Patrick Modiano, *Du plus loin de l'oubli*, (1996), Paris, Gallimard, 2010, p. 90.

voir et les problèmes existentiels du flou, du trouble, de l'indistinct et du confus ? Au point que toute *Lettre à un jeune écrivain* pourrait commencer non pas par un « Evitez le flou », mais par un « Travaillez le flou, et tout suivra ! ».
Car c'est absolument nécessaire !

*Ce livre* a ce travail pour objet, en commençant par la *confrontation aux œuvres* : Modiano (ch. 1 & 2), Simenon (ch. 2), Cao Xueqin (ch. 3), Breton (ch. 4), Darrieussecq, Duras, Woolf (ch. 5) ; ces œuvres nous instruisent autant qu'elles nous interrogent. Puis trois séries de *problèmes* du flou sont traitées : la nomination et la suspensivité, le genre, le poème et l'existence.

Ce livre est le troisième d'une *série sur le flou*, le premier étant sur le flou en général, le second sur le flou au cinéma : François Soulages & Pascal Martin (codir.), *Les frontières du flou* et *Les frontières du flou au cinéma*, Paris, L'Harmattan, collection *Eidos*, 2013 et 2014. Paraîtront bientôt *Le flou et les images*, *Le flou et la photographie*, *Le flou et la psychanalyse* et enfin *Le flou et la philosophie*.

Car les enjeux d'une réflexion sur le flou sont majeurs, tant épistémologiques et esthétiques que métaphysiques et existentiels : il oblige à repenser la raison et l'imaginaire – et leurs rapports.

Ce livre a pour origine un colloque organisé avec Pascal Martin et moi-même le 26 mars 2015 à l'Ecole Nationale Supérieure Louis-Lumière, *Les frontières du flou en littérature*, au sein d'un projet Labex sur *Les frontières*.

Que ces institutions et ce collègue soient ici *remerciés*, ainsi que RETINA.International (*Recherches Esthétiques & Théorétiques sur les Images Nouvelles & Anciennes*) et Caroline Blanvilain, Valérie Cavallo, Maurice Dallut, Angèle Ferrere, Cécile Girousse, Joseph Jehl, Adeline Liébert, Vincent Metzger et Didier Toussaint qui ont aidé à la correction de ce volume.

**François Soulages**
Séoul, 8 avril 2018

# ŒUVRES

**Chapitre 1**

# Le flou, moteur de la littérature
### En partant de Modiano

> *On m'avait donné l'assurance que mon livre paraîtrait bientôt.*
> *J'étais enfin sorti de cette période de flou et d'incertitude*
> *pendant laquelle je vivais en fraude.*
> Patrick Modiano[2]

Cette phrase de Modiano mise en épigraphe condense, sans l'expliquer, la problématique des frontières du flou en littérature. Frontières elles-mêmes floues[3] entre flou et net, entre imprécis et précis, entre incertain et certain ; frontières du flou pour le voir, le savoir et le vivre ; frontières physiques et métaphysiques, cognitives et épistémologiques, frontières existentielles du flou ; mais aussi frontières artistiques et littéraires, voire conditions de possibilité de l'œuvre d'art et, en particulier, de la littérature – tant pour le créateur, le médiateur que le lecteur, car que serait la littérature sans ce rapport aux frontières du flou ? Même si, ou plutôt justement *parce que* Boileau a pu écrire en 1674 dans *L'Art poétique* :

---

[2] Patrick Modiano, *Chien de printemps* (1993), in *Romans*, Paris, Gallimard, Quarto, 2013, p. 635.
[3] *Cf.* François Soulages & Pascal Martin (codir.), *Les frontières du flou* et *Les frontières du flou au cinéma*, Paris, L'Harmattan, coll. *Eidos*, 2013 et 2014.

> Ce qui se conçoit bien s'énonce clairement
> Et les mots pour le dire arrivent aisément.

Bref, le flou nous oblige-t-il à « vivre en fraude », tel un émigré sans papier qui a franchi de façon illégale des frontières – quelles frontières ? – ou bien nous permet-il de vivre et d'être pleinement en littérature ? Les frontières du flou sont-elles faites pour être dépassées - « Un jour, lui aussi aurait peut-être la chance de le rejoindre, s'il parvenait à franchir les frontières invisibles du temps.[4] » - ou bien cultivées pour permettre au flou de perdurer, à l'individu de chercher à (re)vivre, au roman d'être écrit par son auteur et goûté par un lecteur - « Je préfère que les choses restent dans le vague.[5] » ?

En partant de Modiano, examinons comment le flou qui peut être une caractéristique de notre être au monde se révèle être un moteur possible de la littérature.

## Expériences du flou

Le flou est d'abord l'objet d'expériences, par le voir, le savoir et le vivre. Expériences floues d'un sujet flou. L'homme qui vit, l'écrivain et le lecteur sont dans le flou et parfois y restent, voire en font leur miel, leur œuvre.

### Le flou du voir

« Elle s'efforçait de rester impassible, elle mettait ses lunettes de soleil pour se protéger, et le visage de Boyaval à travers la vitre devenait flou.[6] » Le monde est flou ; plus précisément, le monde est flou pour qui le regarde, le vise ; le flou présuppose donc un sujet qui est en rapport avec un objet ; le flou désigne un rapport, à la différence du bougé qui caractérise un objet. En soi, le monde n'est ni flou ni net, il est neutre ; mais que serait un monde sans sujet ? Ainsi, le flou est la marque d'un sujet, la preuve qu'il y a sujet - homme ordinaire, photographe, écrivain, etc. Le flou est la preuve de la

---

[4] Patrick Modiano, *L'horizon*, (2010), Paris, Gallimard, 2010, p. 134.
[5] *Ibidem*, p. 143.
[6] *Ibidem*, p. 122.

non-impassibilité du sujet, de sa sensibilité, de son αἴσθησις (*aisthesis*), donc d'une possible esthétique : d'où le problème des frontières du flou en littérature. Car, pour le personnage de *L'horizon*, il y a entre lui et le monde deux écrans - des lunettes et une vitre - qui à la fois le protègent, lui rendent possible l'accès au monde et opèrent comme obstacles[7] ; alors, le monde est vu, mais mal vu ou du moins vu flou. Et qu'est-ce qui est vu alors dans le monde ? Le visage de l'autre. Mieux, en regardant à travers cette double médiation, le visage devient flou : il devient flou en devenant visible, il devient visible en devenant flou.

Et si le visage est flou, c'est le cœur et l'essence apparente, oui *apparente*, d'autrui qui deviennent flous : on passe du voir à l'*être avec*, mieux à l'*être(?) avec (?)*, du visuel à l'existentiel. Avec le flou du visage, le monde et autrui sont troués dans leur solidité ; ce n'est pas encore l'effondrement, c'est comme le tremblement, le vacillement du monde ; alors, la littérature vient au secours de l'être : pour le sauver ? En tout cas, pour l'accompagner dans sa fragilité et sa faiblesse, pour nous les faire expérimenter, mieux pour nous permettre de faire l'expérience de ce rapport fragile au monde. D'autant plus qu'au fondement de tout cela le flou du monde renvoie au flou du visage, et ce dernier au flou du visage des parents, « les visages de plus en plus flous de mes parents.[8] » Origine œdipienne du flou, accentué par le temps : le flou est œdipiennement irrémédiable, de plus en plus flou, jusqu'au flou total et définitif. La mort est le règne et le triomphe totalitaire du flou. René Char nous a prévenus : « Nous n'avons qu'une ressource avec la mort : faire de l'art avant elle.[9] » Est-ce ce qu'a essayé de faire Sophie Calle avec sa mère, avec son père ? En tout cas, c'est Char que cite Modiano :

---

[7] *Cf.* François Soulages & Sandrine Le Corre (codir.), *Les frontières de l'écran*, Paris, L'Harmattan, collection *Eidos*, série RETINA, 2015.
[8] Patrick Modiano, *Du plus loin de l'oubli*, (1996), Paris, Gallimard, Folio, 2010, p. 90.
[9] René Char, « Les dentelles de Montmirail », in « Quitter », in *La parole en archipel*, in *Œuvres complètes*, Paris, Gallimard, Bibliothèque de la Pléiade, 1983, p. 413.

« Vivre, c'est s'obstiner à achever un souvenir.[10] » On achève bien les chevaux ! Mais, ici, la vie demande obstination face à la mort, face au passé, face au souvenir : il est difficile de faire de l'art avec ; or c'est pourtant le moyen de s'en sortir – passer du (se) souvenir au créer.

« La silhouette de mon père, là, sous le porche, mais je ne distingue pas son visage, comme si sa présence dans ce décor de couvent médiéval me paraissait irréelle.[11] » Le flou a, telle une lèpre, mangé non seulement le visage, comme chez Fautrier, mais aussi tout le corps ; il ne reste plus qu'une silhouette ; est-ce d'ailleurs celle du père ? Qu'est-ce qui nous le prouve ? Relire Descartes... De quel ordre est alors la présence du père ? Elle est irréelle ; peut-être comme elle a toujours été pour le narrateur, pour l'enfant qui est non pas sans père, mais sans présence : avec le flou, le corps du père est une hostie vidée de la présence réelle du Christ : drame, car, par le flou, on comprend que le père est le pire : il eût mieux valu ne jamais croire en sa divine présence. Car la présence est ainsi : elle est divine ou inexistante.

Avec le flou, le visage est définitivement remplacé par la silhouette : « le souvenir que je garde de Peter Rachnman, c'est une silhouette noire et passive, à contre-jour, au bord de la Serpentine. Je ne distingue pas les traits de son visage.[12] » Avec le flou, le souvenir s'évanouit, « tout s'en va », comme le chantait Léo Ferré. Tout est brouillard, brouillé et brouille : « Bientôt, il n'y eut plus autour de nous qu'un brouillard tendre, traversé par la silhouette de moins en moins précise de George Wo.[13] » Comme dans un roman de John Le Carré au check point de Berlin pendant la guerre froide : le brouillard se diffuse à partir de la silhouette de l'autre – on ne peut plus dire *autrui* – et envahit tout, et envahit le tout.

---

[10] René Char, in Patrick Modiano, *Livret de famille* (1977), in *Romans*, Paris, Gallimard, Quarto, 2013, p. 201.
[11] Patrick Modiano, *Un pedigree*, in *Romans*, (2005), Paris, Gallimard, Quarto, 2013, p. 869.
[12] *Du plus loin de l'oubli*, p. 118.
[13] *Livret de famille*, p. 223.

> Depuis, la figure de Meinthe – et celle d'Yvonne aussi – s'étaient brouillées et j'avais l'impression de ne plus les distinguer qu'à travers une vitre dépolie.
> Là, sur ce banc de square, le journal qui annonçait la mort de René à côté de moi, j'ai revu les brèves séquences de cette saison, mais aussi floues que d'habitude.[14]

Chaque visage se brouille au point que l'auteur ne parle plus de visage, mais de figure. Au point aussi que ces figures se brouillent l'une l'autre et entrent dans l'indistinction qui est une préfiguration de la mort – fin d'autrui, fin du sujet, advenue du *on*, advenue du néant, mélancolie, mais jamais nostalgie. Au point que, sans même la médiation matérielle d'une vitre dépolie, le monde apparaît pour le sujet comme s'il l'apercevait à travers elle : le flou n'a plus une origine matérielle, mais est constitutif de tout rapport au monde ; on ne peut s'en échapper : illusion d'une possible aventure de la netteté, en tout cas de son aventure positive. Et le narrateur d'indiquer que la nouvelle de la mort de René renvoie à un passé flou. Etrange formule : « la mort de René à côté de moi » ; quel est cet *à côté* ? Peut-être celui que critique Levinas dans *De l'existence à l'existant*. Il semble que ce ne soit pas le journal qui est à côté, mais René, voire la mort de René, René en train de mourir... Toujours est-il que tout est flou, comme « d'habitude ». Flou visuel et flou sonore - « habituel » brouhaha : « Il y régnait l'habituel brouhaha de la fin de l'après-midi. Deux silhouettes se tenaient devant le billard électrique.[15] »

Tout est résumé par ces deux phrases : « - Ah oui… je vois… / Qu'est-ce qu'il voyait, au juste ?[16] »

Juste du flou, et non du flou juste.

Mais le flou brouille au point d'engendrer un rapport quasi schizophrénique au monde : tout semble irréel. Semblant, irréalité, coupure d'avec le monde ; échec du rapport au monde, aussi bien (par) le voir, (par) le savoir que (par) le vivre. « Elle sent bien que quelqu'un l'accompagne de loin, mais elle ne peut pas l'identifier à cause de la brume. Son père

---
[14] Patrick Modiano, *Villa Triste*, (1975), Paris, Gallimard, Folio, 1980, p. 189.
[15] *Du plus loin de l'oubli*, p. 23.
[16] *Ibidem*, pp. 42-3.

qu'elle n'a jamais connu ?[17] » La brume brouille et rend flou. Et rend fou : car impossible de savoir avec qui l'on est. On sent, mais on ne sait pas ; on sent une présence - mais de qui ? Ne pouvant identifier l'identité de l'autre - réel ou irréel ? -, on ne peut trouver sa propre identité : le père, cet inconnu, cet inconnaissable.

Ne pouvant rien attendre du père, du rapport au père, peut-on être sauvé par la fille, par le rapport à la fille, sauvé en devenant père, en étant père, en sachant être père, en se sachant père, *en se sachant le père*, en sortant du flou du père ? « J'observais ma fille à travers l'écran vitré.[18] » Le père doit être le repère, le référent, le point fixe, et non un ectoplasme. « J'avais pris ma fille dans mes bras et elle dormait, la tête renversée sur mon épaule. Rien ne troublait son sommeil. Elle n'avait pas encore de mémoire.[19] » Alors le père est asile, lieu à la fois d'hospitalité et de défense contre la folie, lieu de paix, de force et d'assurance contre le flou et la perte ; le père, c'est le reste protecteur éternel – même après sa mort - face à la perte ; et les bras du père sont comme le ventre de la mère, un lieu de certitude qui permet de dormir tranquillement. Le père embrasse, parce qu'il est un dieu non tout puissant, mais tout amour.

Outre que l'enfant venant de naître n'a peut-être pas encore de mémoire, cette potentialité qui exige, dans l'angoisse, vérification contre le flou de l'oubli toujours là, contre la puissance de l'oubli grandissant, au point que, plus l'enfant grandit, plus l'oubli grandit. Ce serait le temps heureux sans flou ni trouble. Mais, comme la mémoire est accompagnée par l'oubli, la conscience l'est par le flou, le trouble, l'inconscient, aussi bien dans le voir, dans le savoir que dans le vivre. Mais doit-on pleurer sur cette non-maîtrise de la mémoire et de la conscience ou bien, au contraire, en profiter comme un nourrisson qui dort ? « L'oubli viendrait vite. Je serais guéri.[20] » Grâce à l'oubli, mieux grâce de l'oubli.

---

[17] *L'horizon*, p. 126.
[18] *Livret de famille*, p. 203.
[19] *Ibidem*, p. 333.
[20] *Ibidem*, p. 271.

Ainsi, on peut sortir du flou schizophrénisant du rapport à son père en étant soi-même totalement père. La paternité devient alors corrélat non seulement de la responsabilité et de la réalité, mais aussi de la condition de la création : « Seuls mon frère, ma femme et mes filles sont réels. Et que dire des quelques comparses et fantômes qui paraissent sur l'album, en noir et blanc ? J'utilisais les ombres et surtout leurs noms à cause de leur sonorité et ils n'étaient plus pour moi que des notes de musique.[21] » Ce qui sort du flou, ce qui se donne comme le réel, c'est non pas les parents, mais le cercle rapproché du frère mort, de l'épouse et des filles. On sent combien la douleur dut être vive durant le temps apparemment interminable entre la mort du frère enfant et la rencontre avec l'épouse ; mais on comprend aussi que, malgré la mort, le frère est réel. Ce cercle est donc la matrice qui permet au sujet de sortir de l'irréel schizophrénisant, mais aussi d'opérer le *distinguo* entre ces êtres réels et les autres qui, sans la souffrance violente de l'enfance, deviennent, grâce au flou, des matières premières nourrissant une œuvre à venir ; ou plutôt, c'est en travaillant ces silhouettes, ces fantômes, ces ombres, ce monde en noir et blanc, comme de vieilles photos d'antan, mieux, ces noms vidés de leur signifié, donc ces purs signifiants, que l'auteur peut devenir auteur avec l'autorité d'un αὐτός (lui-même) et que ces signifiants permettent de constituer une œuvre (littéraire) : « Au fond, il s'agit, pour un romancier, d'entraîner toutes les personnes, les paysages, les rues qu'il a pu observer, dans une partition musicale.[22] » Grâce, notamment, au flou.

Alors, la littérature peut quitter les bruits de cette parole ordinaire, le brouhaha de ce flou sonore pour accéder aux sons musicaux, donc à l'art ; on passe de l'irréalité du monde expérimenté comme flou à la réalité de l'art : « Leur manière même de parler le français aggravait en moi ce sentiment général d'irréalité.[23] » « Nous étions là à parler d'un passé qui nous avait réunis mais qui était si lointain qu'il

---

[21] Patrick Modiano, « Avant-Propos », in *Romans, op. cit.,* pp. 9-10.
[22] *Idem.*
[23] *Livret de famille,* p. 272.

perdait toute réalité.[24] » En rompant avec l'irréalité d'un certain parler, le sujet devient le père de son œuvre. Contre l'échec de la paternité floue de son père, le sujet pose sa paternité réelle face à ses filles et la paternité de son œuvre d'art – un morceau de littérature. Il devient sujet créateur et autonome, celui qui suit sa propre loi : il est libéré du flou, donc libre.

Et, ainsi, il peut espérer sortir un peu du flou pour atteindre, non pas la réalité, mais juste un vague reflet – un reflet flou ? « Je me rends compte aujourd'hui qu'il m'a fallu écrire deux cents pages pour capter, inconsciemment, un vague reflet de la réalité.[25] » Et, quand du net semble apparaître, il est alors entouré de flou, comme étouffé par lui : « Voici les seules images nettes. Une brume nimbe tout le reste.[26] » Et la tristesse revient, face à cet écrasement insupportable par le flou.

*Le flou du savoir*
Le flou du voir engendre celui du savoir.

Tout commence de la même manière : c'est flou, donc comment représenter, comment savoir, comment transmettre ? « Sur le mur, en face, les images furent d'abord floues et puis se précisèrent.[27] » D'abord des images et non la réalité, mais des images floues, toutefois qui se précisent : elles ne sont pas encore nettes, mais on comprend un peu moins mal ce que l'on a face à soi ; on sort des ténèbres. Et alors, comme des enfers, une sorte d'homme apparaît ; l'apparition n'est pas éclairante, elle est confrontation au quasi incompréhensible, au mystère du monde, au mystère du flou qui nous interdit presque le monde, du moins son accès ; nous ne serons jamais dans et de ce monde ; nous sommes définitivement face au vague : « Une vague forme humaine, une buée qui allait se dissiper d'un instant à l'autre.[28] » Peut-on parler d'autrui ? Non. De visage ? Non. Tout juste d'une forme, et encore, uniquement d'une vague forme. Il faudra beaucoup de temps pour entr'apercevoir l'humanité, encore plus pour faire

---

[24] *Ibidem*, p. 327.
[25] Patrick Modiano, *Dora Bruder*, in *Romans*, *op. cit.*, p. 674.
[26] *Villa Triste*, p. 190.
[27] *Livret de famille*, p. 201.
[28] *Ibidem*, p. 313.

l'expérience d'un face à face en interhumanité, en réciprocité inter- et intrahumaine – tout le temps qu'il faudra pour passer de l'expérience ordinaire à celle de la création ; et encore… Le vague submerge le sujet au point de lui rendre complexe toute communication : « J'avais eu peur que mes explications ne fussent trop vagues car je n'ai jamais su indiquer le plus court trajet d'un point à un autre.[29] » Le savoir s'avère flou et inefficace.

En effet tout reste imprécis : « La rue Léon-Vaudoyer et quelques autres petites rues toutes semblables à elle forment une enclave incertaine entre deux arrondissements.[30] » L'incertitude tient à l'incapacité à distinguer des différences entre des éléments apparemment semblables ; tout se ressemble. C'est pourquoi Modiano cite Stendhal : « Je ne puis pas donner la réalité des faits, je n'en puis présenter que l'ombre.[31] » Le sujet est face à un quasi non-savoir : « - Qu'est-ce que c'est l'air français ? ai-je demandé ; - Je ne sais pas, moi…[32] » Le sujet est perdu dans ce flou généralisé au point de ne plus rien comprendre, pas même la langue usuelle : « C'est à peine si je comprenais leur langue.[33] » Le flou voue au silence le sujet ; et c'est à partir de cet impossible à comprendre et à dire que la littérature advient : remède à l'irrémédiable ? Non, joie de la reconstruction[34].

En attendant – au sens beckettien du terme -, l'incompréhension règne, même s'il y a des bouffées d'espoir avec le *ça a été* barthésien de la photographie : « J'ai conservé une photo au format si petit que je la scrute à la loupe pour en discerner les détails.[35] » Mais le *ça a été* peut toujours se révéler être un *ça a été joué*[36] : et c'est le retour du flou. Rien n'est sûr ;

---

[29] *Du plus loin de l'oubli*, p. 12.
[30] *Ibidem*, p. 224.
[31] Stendhal, in Patrick Modiano, *Pour que tu ne te perdes pas dans le quartier*, (2014), Paris, Gallimard, 2014, p. 9.
[32] *Livret de famille*, p. 297.
[33] *Du plus loin de l'oubli*, p. 36.
[34] François Soulages & Alejandro Erbetta, (codir.), *Art & reconstruction*, Paris, L'Harmattan, coll. *Eidos*, série Art, 2017.
[35] *Livret de famille*, p. 328.
[36] François Soulages, *Esthétique de la photographie* (1998), Paris, Armand Colin, 2018, ch. 2.

tout se dérobe sous les pieds ; aucun point fixe ne s'impose sur lequel on pourrait tout reconstruire rigoureusement : « À quelle époque ? Au cours des années trente, je crois. À quel numéro ? Je l'ignore.[37] » Descartes dans sa quête du fondement recherchait, comme Archimède, un point qui fût fixe et sur lequel il pourrait fonder son savoir composé de propositions claires et distinctes : le narrateur est dans la situation opposée ; il ne peut dépasser le doute – ici, non pas méthodologique, mais existentiel ; et c'est sur cet impossible que le créateur fait œuvre, tout comme l'analyste qui enclenche son travail d'interprétation à partir d'une contradiction ou d'un flou cruel et douloureux. Toutefois, tout est mirage : comment alors se diriger ? « Un mirage sans doute. D'ailleurs, tout était mirage, tout était dépourvu de la moindre réalité dans ce pays.[38] » Tout est dépourvu de sens : monde et sujet sont incompréhensibles, car les représentations du monde et du sujet sont floues, car les rapports entre le monde et le sujet sont flous.

*Le flou du vivre*

Le flou du voir et le flou du savoir accompagnent et entretiennent le flou du vivre. *Entendre* renvoie à la fois à la compréhension sonore et à la compréhension intellectuelle ; le flou de l'une a pour corrélat celui de l'autre : « Je ne distinguais pas tout de suite, au milieu du brouhaha des conversations, des crépitements du billard électrique et de ces gens pressés les uns contre les autres, Van Bever et Jacqueline.[39] » Le son recouvre le sens : « Le brouhaha des conversations était étouffé par la musique qui semblait venir des balcons.[40] » La communication avec autrui est alors quasi impossible : « Et c'était difficile de l'entendre, à cause de tout ce vacarme autour de nous.[41] » Les projets avec les autres aussi : « C'était difficile de me fixer rendez-vous à une heure précise.[42] » D'où la difficulté d'être avec autrui et avec soi-même, la difficulté de vivre avec le flou

---

[37] *Livret de famille*, p. 224.
[38] *Idem.*
[39] *Du plus loin de l'oubli*, p. 16.
[40] *Ibidem*, p. 157.
[41] *Ibidem*, p. 26.
[42] *Ibidem*, p. 14.

et, corrélativement, l'absence d'issue pour en sortir. Et cela peut durer des années, éternellement (?) – symétrique de l'éternité évoquée pour la paternité qui embrasse : ce sont « les années grisâtres et incertaines que j'avais vécues jusque-là.[43] »

Le résultat de tout cela étant l'installation - sans issue visible - dans le flou, l'incertain et le vague : « Elle était restée dans le vague.[44] » Définitivement sans issue ?

## Le flou & le flot
### *Les bénéfices du flou*

Le narrateur révèle que, par ailleurs, il fait un usage volontaire et positif du flou : « Quand il veut se replier en lui-même, alors ses yeux s'embuent et le monde extérieur n'est plus qu'une masse floue. Je connais bien ce procédé car je l'emploie souvent.[45] » Il peut rendre floue l'image du monde : la buée n'est plus entre le monde et lui, mais dans ses propres yeux – quand il est pris d'une trop forte émotion et qu'il est sur le point de pleurer, quand il est pris d'un accès de tristesse ? Alors, non seulement le monde est flou, mais il devient une masse indistincte ; plus rien n'est distinguable, en particulier les individus ; ainsi le monde est vidé de l'humanité et de l'interhumanité. La masse est là, absurde, face au sujet, seul, enfin seul, maître de son royaume, comme Robinson sur son île déserte, sans extériorité, comme un écrivain avec son œuvre : en se repliant sur lui-même grâce au flou, en s'isolant dans son isolat, il se sépare du tout alors vécu comme masse sans sens et sans intérêt, et se découvre lui-même. Le flou peut donc être un moyen pour s'en tirer, une tactique pour se protéger, une étape vers l'autonomie et vers la création, une paradoxale stratégie littéraire. Et, quand le roman est écrit et publié, il rejoint la masse primordiale, fruit détaché de l'arbre qui vient pourrir à ses pieds : « Votre livre terminé est devenu un objet, une sorte de magma un peu pâteux, une masse informe dont vous avez une vision de détails, mais pas de vue

---

[43] *Ibidem*, p. 90.
[44] *Ibidem*, p. 38.
[45] *Villa Triste*, p. 42.

d'ensemble.⁴⁶ » Tout redevient flou, non tant par l'absence de détails – certes il y en a beaucoup, trop parfois, mais le savoir et le souvenir n'en sont pas plus augmentés, voire rendus possibles -, mais par l'impossible vision globale donatrice de sens : « À cause de cette couche, de cette masse d'oubli qui recouvre tout, on ne parvient à capter que des fragments du passé, des traces interrompues, des destinées humaines fuyantes.⁴⁷ »

Même si, parfois, face au flou, le narrateur peut avoir de l'espoir ; c'est ce qui le fait vivre, enquêter et écrire ; c'est son moteur : « Elle m'a répondu de manière très floue, me disant qu'elle avait été élevée à l'étranger. Je n'ai pas insisté. Avec le temps, pensais-je, je finirais par tout savoir.⁴⁸ » Mais savoir quoi ? Outre que l'inconscient et la littérature ne sont pas de l'ordre du savoir ! Mais du transfert ; toute littérature a pour moteur le transfert.

*Le flou & le flottement*
Derrière tout cela, il y a une dimension liquide⁴⁹ : l'eau qui se transforme en buée, l'eau qui engendre un flottement, un rythme. Et ce liquide est amniotique. C'est le retour de la mère, non pas celle qui élève ou aurait dû élever, mais celle qui a porté l'enfant en son sein, plus fortement, bien sûr, absolument *bien sûr*, que les bras du père, celui qui arrive après, bien après ; le père est l'être de l'après-coup. On est face à ce couple mère/enfant, même s'il y eut, bien sûr, absolument *bien sûr*, aussi un couple mère/père. C'est peut-être cela la cause du flou originaire : non tant le flou face à l'impossible à représenter, à savoir le rapport sexuel au point de départ de tout – comment penser le commencement de celui qui se voudra sujet et non assujetti au couple mère/père -, mais plutôt le flou face au deuxième couple, à la possibilité du deuxième couple – non seulement le couple mère/enfant, mais aussi le couple mère/père. Face à ce deuxième couple, l'enfant est *infans*, celui qui ne parle pas, mais sent et ressent, et ainsi

---

⁴⁶ Patrick Modiano, in *Télérama*, 2/2/14
⁴⁷ Patrick Modiano, Discours de réception du Prix Nobel, 7/12/14.
⁴⁸ *Ibidem*, p. 67.
⁴⁹ *Cf.* chapitre 5 de ce livre.

reste dans le flou. Et c'est parce qu'il est dans le flou originaire face à cette trahison de la mère partagée – deux couples à la fois – (mais le père n'est pas neutre, étant peut-être celui qui au départ abandonne, et l'enfant et la mère), face à ce premier abandon – matrice d'autres abandons et écho d'un autre abandon d'un Fils par son Père (« Et vers la neuvième heure, Jésus s'écria d'une voix forte : *Eli, Eli, lama sabachthani ?* c'est-à-dire : *Mon Dieu, mon Dieu, pourquoi m'as-tu abandonné ?*[50] ) -, face à l'arrivée de l'impensable nécessaire qu'est le père - cet intrus -, que le sujet peut accéder à la parole et au statut de sujet grâce à la reconstruction-fiction littéraire. En fait, il sort du flou involontaire du langage grâce à un usage volontaire de l'écriture et, corrélativement, du flou assumé, mieux revendiqué comme moteur du déploiement d'écriture qui ne s'arrête jamais pour dire et redire, bien sûr, absolument *bien sûr*, la même chose, la même litanie qui est, en dernière instance, un éloge du flou, comme toute religion. Culte inversé des ancêtres voués ici aux gémonies qui permet de passer avec la littérature du culte du flou à la culture du flou, comme le fait en arts visuels Christian Boltanski, voire en littérature Georges Perec, deux hommes marqués aussi par la Shoah.

Oui, le flou et le flot, le liquide et l'eau, le vague et la vague, la mère et la mer, la flotte et le flot, le flottement et le rythme, la poésie et la vie intra-utérine ; outre que la vie de l'enfant né fut rythmée, bien sûr, absolument *bien sûr*, de façon étrange et mystérieuse, au point que les gens qui croient n'avoir connu ni l'abandon ni la tristesse peuvent la taxer de *romanesque*. Flottement dans l'expression ? Inadéquation certainement, ambiguïté possible, flou certain. Et tout est réuni : « J'avais le vague souvenir que celui-ci ne se trouvait pas à Langrune mais à quelques centaines de mètres plus loin, à Luc-sur-Mer.[51] » - le vague et la mer, la vague et la mère.

*Constat*
Pour Héraclite, « Πάντα ῥεῖ » « *Panta rhei* » : donc toutes les choses coulent, tout passe. Or ce n'est pas la même

---

[50] *Evangile selon saint Matthieu*, 27-46.
[51] *Du plus loin de l'oubli*, p. 45.

chose avec le flou : tout reste en suspens, tout est suspendu ; le suspens est toujours déçu ; tout flotte. Et ce flottement est généralisé : « Une brume flottait sur la Seine et les quais.[52] » Et ce flottement est lié au flou incompréhensible des ombres, des silhouettes et des rêves : « J'ai compté sept silhouettes dispersées, sept personnes seules. Il flottait dans la salle l'odeur tiède d'ozone (…). Je prêtais à peine attention aux images des événements de la semaine. (…) Il ne restait plus que deux silhouettes devant moi.[53] » Disparition même des silhouettes ; flottement du monde extérieur, des gens qui entourent le narrateur, du monde de ce dernier, de lui-même : « Au cours des nuits que j'avais passées seul dans leur chambre, il y flottait toujours cette odeur d'éther.[54] » Flottement et flou aussi dans les relations entre les êtres : « une gêne flottait entre eux et Cartaud (…). Et cette gêne, je la retrouvais maintenant dans le silence de Jacqueline et les réponses évasives de Van Bever.[55] » Le flou, le flottement, le silence, l'évasion, donc rien de fixe, rien de fixé : un bateau ivre ? En tout cas, Hugo revenant du cimetière le 11 juillet 1846 et écrivant *Les contemplations* :

> On est flot dans la foule, âme dans la tempête ;
> Tout vient et passe, on est deuil, on est en fête ;
> On arrive, on recule, on lutte avec effort…
> Puis, le vaste et profond silence de la mort !

Donc, cette fois, Héraclite semble audible : « On ne peut descendre deux fois dans le même fleuve.[56] » Donc pas de vraies réponses quant au flottement et au flou ; donc un problème à travailler.

*Problème*

Comprendre, comprendre ce flou et ce flottement, voilà ce qui anime le narrateur, mais aussi l'auteur et le lecteur : passer du corps à l'esprit, du ressenti au pensé, du compliqué à l'expliqué. Mais est-ce possible ou bien n'est-on pas toujours

---

[52] *Ibidem*, p. 23.
[53] *Ibidem*, p. 83.
[54] *Ibidem*, p. 18.
[55] *Ibidem*, p. 61.
[56] Héraclite, *Fragments*, n° 105, in Battistini, *Trois présocratiques*, Gallimard, p. 44.

confronté à la tentative, à l'essai de dénouer le complexe, comme en analyse, comme en lecture, comme en écriture ? Peut-on sortir du flou ou bien ne doit-on pas se contenter de décrire un trajet qui n'est pas tant celui triomphant d'un Descartes dans les *Méditations* ou d'un Hegel dans la *Phénoménologie*, que celui d'un Heidegger dans les *Chemins qui ne mènent nulle part* ou d'un Montaigne dans les *Essais* ? « J'essayais de m'expliquer le flottement que je ressentais.[57] » Si le créateur en reste à énoncer son chemin et son essai, son ὁδός (*odos*, chemin) plus que sa μετά-ὁδός (*méta-odos*, méthode), il peut en faire une œuvre d'art *in process* : c'est pourquoi *Dora Bruder* est un chef-d'œuvre d'art contemporain, bien supérieur à certaines propositions bien faibles que l'on trouve sur le marché de l'art. Le flou et le flottement, en se confrontant au souvenir et au temps, s'ouvrent alors sur l'imaginaire – lieu du flou par excellence, lieu du rêve, de l'inconscient et de la création bien sûr, absolument *bien sûr*.

Et cela concerne le temps : « Depuis tout ce temps, il s'était laissé porter par les événements quotidiens d'une vie, ceux qui ne vous distinguent pas de la plupart de vos semblables et se confondent au fur et à mesure dans une sorte de brouillard, un flot monotone, ce qu'on appelle le cours des choses. Il avait l'impression de s'être réveillé brusquement de cette torpeur.[58] » Le personnage de ce texte flotte dans le flot ordinaire et répétitif des choses ; il vit passif dans un sommeil mou et émollient ; il est dans l'immanence. Mais qui est-il ? « Je me réveillais et je ne savais plus où j'étais.[59] » Ne pourrait-il pas dire en fait : « Je me réveillais et je ne savais plus qui j'étais. » Pourquoi ce flou quant à son identité ? Comment en sortir ? « Par l'éveil du besoin, écrit Grimaldi, cesse la torpeur de l'immanence[60] » : certes la torpeur, mais quel besoin ? Celui d'accéder au désir, en tout cas au souvenir ? Celui de sortir du flou et du flottement amniotiques, du balancement intra-utérin ? Sortir de la mère pour se confronter au père, ce Dieu

---

[57] *Du plus loin de l'oubli*, p. 149.
[58] *L'horizon*, p. 87.
[59] *Du plus loin de l'oubli*, p. 18.
[60] Nicolas Grimaldi, *Le Désir et le temps*, 1992.

jaloux qui abandonne, ce rival, celui qui devrait faire découvrir le réel ou la loi ou du moins les dévoiler, à moins que ce ne soit celui qui indique une/sa transcendance, une sortie de la caverne – peut-être une illusion ? « Tout ce temps » qui précède la coupure qui réveille est si indéfini et long qu'il n'est même pas un temps car il ne s'y est rien passé : c'est l'indéfini neutre et monotone, sans histoire et sans événement. Or, justement, le créateur transforme ce temps sans histoire en histoire et récit, en matrice dans laquelle on attend un événement, comme d'autres attendent le Messie ou Godot ; plus exactement, on attend la rupture et l'éveil comme dans le bouddhisme : « L'Éveil étant parfait et irradiant, la conscience apparaît dans sa pureté. La conscience étant purifiée, la vue est purifiée. Celle-ci une fois purifiée, l'organe de la vue est purifié. Celui-ci étant purifié, la perception visuelle est purifiée.[61] » Et cela a lieu, cela advient, on sort du flou ou, du moins, on désire en sortir, se diriger vers la sortie, de l'autre côté de l'éveil. Mais tout reste à faire ; en tout cas, on accède au faire ; et on fait de la littérature. En fait, grâce au flou.

Et ça commence par le souvenir : « Tel il flottait dans mon souvenir d'enfant.[62] » Souvenir d'enfance comme Perec ou Sarraute ou bien souvenir d'enfant ? Mais alors, dans ce dernier cas, où est l'enfant ? Comment est l'enfant ? Pas comme le décrit Freud : « l'enfant distingue fort bien le monde de ses jeux de la réalité, il cherche volontiers un point d'appui aux objets et aux situations qu'il imagine dans les choses palpables et visibles du monde réel. Rien d'autre que cet appui ne différencie le jeu de l'enfant du « rêve éveillé ».[63] » L'enfant du roman n'est pas encore à ce niveau là : c'est pourquoi il y a problème. C'est pourquoi il y a roman, travail du roman, travail du style et de la forme, travail de l'inconscient et de la création, travail avec l'imaginaire. Et peut-être qu'alors cet enfant-*infans* fera signe à l'enfant dont parle Flaubert dans une lettre à Louise Colet : « Un livre, cela vous crée une famille éternelle dans l'humanité. Tous ceux qui vivront de votre pensée, ce

---

[61] « Sutra de l'Eveil parfait », in Catherine Despreux, *Aux sources du Bouddhisme*, Paris, Fayard, 2013, p. 422.
[62] *Livret de famille*, p. 205.
[63] Freud, *La création littéraire et le rêve éveillé. Cf.* Ch. 2 de notre présent livre.

sont comme des enfants attablés à votre foyer. » Alors, nous serions à des lieux du souvenir par la photographie, peut-être parce que cette dernière est un écran, un souvenir-écran qui ne nous permet pas de remonter le temps : « dans le flot des passants, se tenait, avec son appareil à trépied, le gros photographe au nez grumeleux et aux lunettes rondes qui proposait une « photo souvenir ».[64] » La fixité photographique ne résiste pas au flot flou du réel avec toute la contingence du « gros photographe au nez grumeleux », contingence qui fait manquer le temps.

Le flottement flou du réel met le narrateur et peut-être même, quoique différemment, le lecteur dans un hors-temps qui n'est pas sans rappeler celui de l'inconscient qui ignore le temps et la contradiction : « Tout flottait, à Lausanne, le regard et le cœur glissaient sans pouvoir s'accrocher à une quelconque aspérité. Tout était neutre. Ni le temps, ni la souffrance n'avaient posé leur lèpre ici. D'ailleurs, depuis plusieurs siècles, de ce côté du Léman, il s'était arrêté, le temps.[65] » Le voir flou et le vivre flou sont réunis face au neutre, voire au néant *de facto* ; la lèpre des visages de Fautrier n'avait pas frappé la Suisse neutre, bien sûr neutre, celle des *Suisses morts* de Boltanski, celle du sans souffrance et donc du sans temps ; car le temps est souffrance, et la souffrance la mesure du temps : le temps n'est pas de l'argent en Suisse : il y a d'un côté l'empire de l'argent et de l'autre la mesure de l'argent ; or Bergson a bien montré qu'on ne pouvait confondre le temps des montres – objets suisses par excellence – et le temps de la conscience, la chronologie et l'histoire, le temps mathématique et le temps romanesque. En Suisse, il n'y avait plus ni Temps, ni Histoire, ni Roman. Tout « s'était arrêté » : rien qu'un arrêt sur image, sans imaginaire, sans vie ; bref, rien que du flou et du flot.

---

[64] *Dora Bruder*, p. 645.
[65] *Livret de famille*, p. 272.

## Luttes avec le flou
### *Contre le flou*

« L'essentiel pour un écrivain, écrivait Pierre Bourgeade, est d'arriver au mystère par la clarté.[66] » En tout cas, le non-flou, la précision, le détail, bref ce qui est de l'autre côté des frontières du flou ne délivre pas la vérité, mais épaissit le mystère. La précision est, quant à la connaissance, inutile : « Pourquoi ai-je toujours des souvenirs aussi précis et inutiles ?[67] » Car la connaissance devrait être con-naissance. Le connu est infime par rapport à l'inconnu ; la carte ignore le territoire, outre qu'elle a des blancs, des *terrae incognitae* : « Et cette précision topologique contraste avec ce que l'on ignorera pour toujours de leur vie – ce blanc, ce bloc d'inconnu et de silence.[68] » Le monde est flou, car ses représentations sont faites de détails irrémédiablement séparés par des blancs, donc sans rapports les uns avec les autres ; or on ne comprend pas des éléments, mais des rapports entre des éléments ; un arbre, plusieurs arbres cachent toujours la forêt ; or c'est la forêt, l'organisme, la structure, le système qu'il faudrait connaître pour com-prendre le réel. Si l'on ne com-prend pas, on ne prend rien. « Malheur aux détails, disait Voltaire, la postérité les néglige tous.[69] » La postérité, c'est ce que vise le narrateur, c'est ce à quoi accède l'auteur, c'est ce dans quoi vit le lecteur.

En effet, comment se représenter Dora Bruder ? Avec quelle précision ou bien avec quels éléments précis ?

> L'extrême précision de quelques détails me hantait : 41 boulevard Ornano, 1 m 55, visage ovale, yeux gris marron, manteau sport gris, pull-over bordeaux, jupe et chapeau bleu marine, chaussure sport marron. Et la nuit, l'inconnu, l'oubli, le néant tout autour. Il me semblait que je ne parviendrais jamais à retrouver la moindre trace de Dora Bruder.[70]

---

[66] Pierre Bourgeade, 1998, in *Le Monde*, 12/9/14, p. 11.
[67] *Livret de famille*, p. 300.
[68] *Dora Bruder*, p. 658.
[69] Voltaire, in « *Un président ne devrait pas dire ça…* », Gérard Davet & Fabrice Lhomme, Paris, Stock, 2016, p. 643.
[70] *Dora Bruder*, p. 674.

Mais l'extrême précision est illusoire et dérisoire, car elle ne donne rien : en effet, elle est noyée par le non-savoir qui l'entoure ; elle est néantisée par le néant qui l'embrasse ; c'est le mauvais père, comparable au mauvais infini dont parle Hegel. Le narrateur pense même qu'il ne peut pas retrouver de trace de Dora Bruder ; mais qu'entend-il par « trace » ? Il y a sûrement des traces, mais elles sont introuvables ; d'où le néant et le flou : « Des traces subsistent dans des registres et l'on ignore où ils sont cachés et quels gardiens veillent sur eux et si ces gardiens consentiront à vous les montrer. Ou peut-être ont-ils oublié tout simplement que ces registres existent.[71] » Et d'ailleurs, y a-t-il des traces ? Leur absence tient d'une part aux êtres mêmes - « Ce sont des personnages qui laissent peu de traces derrière eux. Presque des anonymes.[72] » -, d'autre part aux événements mêmes - « de menus événements se succèdent et glissent sur vous sans y laisser beaucoup de traces.[73] » Alors que reste-t-il à faire pour l'écrivain ? « Ecrire, disait Julien Green, c'est souvent donner une forme précise à des choses qui devraient demeurer inconnues. » L'auteur doit-il créer *ex nihilo* ou bien renoncer ? La réponse dans ce livre est originale : l'auteur va écrire autre chose.

> Alors le manque que j'éprouvais m'a poussé à l'écriture d'un roman, *Voyage de noces*, un moyen comme un autre pour continuer à concentrer mon attention sur Dora Bruder, et peut-être, me disais-je, pour élucider ou deviner quelque chose d'elle, un lieu où elle était passée, un détail de sa vie.

D'ailleurs, cet auteur n'écrit-il pas toujours le même récit et toujours un autre, celui qui devrait être écrit n'arrivant jamais à la solution du mystère du premier ? Car toute enquête, toute recherche échouent : « J'ai voulu moi-même en savoir plus, mais je n'ai pas encore trouvé la moindre trace, la moindre preuve du passage de James Levy sur terre.[74] »

Devrait-il se rabattre sur la photographie pour dépasser le flou en partant d'une trace particulière ? Certes, une

---

[71] *Ibidem*, p. 649.
[72] *Ibidem*, p. 658.
[73] *Un pedigree*, p. 883.
[74] *Livret de famille*, p. 225.

photo est une trace. Mais une trace de quoi ? Une trace de ce qu'on a voulu photographier ou bien de ce qui fut photographié sans préméditation, sans volonté, sans désir ? Une trace de l'objet en soi ou bien d'un simple phénomène ? Une trace du photographiable ou bien de l'imphotographiable ? Mais pourquoi pas aussi une trace du sujet photographiant ou de l'acte photographique, de l'action photographique ou du métaphotographique ? Une trace du point de vue ou bien du cadrage ? Une trace de l'obtention du négatif ou bien de son exploitation ? Et pourquoi pas une trace du matériel photographique particulier ou bien des conditions épistémiques et techniques en général qui ont rendu possible cette photo particulière ? Ou pourquoi pas une trace du passé ? Mais de quel passé ? Celui de l'objet à photographier ou bien celui de la photo ? Celui du sujet photographiant, celui du sujet photographié ou bien celui du sujet qui regarde la photographie ? Passé du temps ou bien de l'espace ? Passé de la vie ou bien de la mort ? Une trace de tout cela à la fois ? Peut-être. Mais comment ? La photographie fait problème : elle n'est pas *la* solution.

« Un poète, écrit René Char, doit laisser des traces de son passage, non des preuves. Seules les traces font rêver.[75] » Qui peut encore croire que la photo est une preuve ? Une photo est une trace, c'est pourquoi elle est poétique. Même si la photo est floue ; surtout si la photo est floue ? Pas sûr du tout. Le photographe est celui qui doit laisser, mieux, qui doit créer des traces de son passage et du passage des phénomènes, des traces de sa rencontre - photographique - avec les phénomènes. C'est pourquoi il est artiste. Il agit, tout comme le romancier. Toute photo est donc cette trace énigmatique qui fait rêver et qui fait problème, qui fascine et qui inquiète. D'un côté, on veut croire que grâce à elle l'objet, le sujet, l'acte, le passé, l'instant, etc. vont être retrouvés ; de l'autre, on doit savoir qu'elle ne les redonne jamais : au contraire, elle est l'épreuve de leur perte et de leur mystère ; au mieux, elle les

---

[75] René Char, « Les compagnons dans le jardin », in *Au-dessus du vent*, in *La Parole en archipel*, in *Les Matinaux* (suivi de *la Parole en archipel*), Paris, Gallimard/poésie, n° 38, 1974, p. 153.

métamorphose. Cette illusion de retrouvailles et cette imposition de la perte alimentent la pratique photographique - le fait de les faire et celui de les voir. Ce problème et ce mystère convoquent l'artiste à les explorer et le philosophe à les penser : l'esthétique de la photographie est donc une esthétique de l'articulation de la perte et du reste.[76]

Comme le romancier, le photographe pourrait dire : « au bout d'un certain nombre d'années nous acceptons une vérité que nous pressentions mais que nous nous cachions à nous-même par insouciance ou lâcheté : un frère, un double est mort à notre place à une date et dans un lieu inconnus et son ombre finit par se confondre avec nous.[77] » C'est sur cet échec de la lutte *contre* le flou que l'artiste – écrivain, photographe, etc. – fonde son œuvre : il lutte alors *grâce* au flou.

*Grâce au flou*

Le négatif devient un positif : double face du médicament : « Peut-être était-il parvenu, grâce à une amnésie volontaire, à se protéger définitivement du passé.[78] » Grâce à l'oubli radical ? Peut-être ; grâce à la grâce, certainement : la grâce de la création et de la beauté. Apparemment, il suspend sa lutte contre le temps et le sens, pour travailler la forme et le son : « J'utilisais les ombres et surtout leurs noms à cause de leur sonorité et ils n'étaient plus pour moi que des notes de musique.[79] » Est-ce sûr ? En tout cas, il n'attend plus *la* réponse ; il interroge le problème : il perd une illusion ; il gagne une désillusion ; le *ludere* devient jeu – relire Freud ; sachant qu'il restera avec le flou ; avec une musique floue ? Pourquoi pas. Avec peut-être la perte du sens, mais pas de la résonance : le texte alors résonne plus qu'il ne raisonne – ni comme un enquêteur de police, ni comme un scientifique, ni comme un philosophe ; c'est un texte d'artiste, c'est un texte de littérature : « Encore un nom sans visage qui flotte dans ma

---

[76] François Soulages, *Esthétique de la photographie. La perte et le reste, op. cit.*
[77] Patrick Modiano, *Chien de printemps* (1993), in *Romans, op. cit.*, p. 641.
[78] Patrick Modiano, *Pour que tu ne te perdes pas dans le quartier*, (2014), Paris, Gallimard, 2014, p. 74.
[79] Patrick Modiano, « Avant-Propos », in *Romans, op. cit.*, pp. 9-10.

mémoire, mais dont les syllabes gardent une résonance comme tous les noms que l'on a entendus à vingt ans.[80] »

« D'eux, il ne reste que les noms.[81] » est-il écrit ; peut-être qu'à la limite il eut pu être écrit : « D'eux, il ne reste que les sons » ; non pas les sons entendus dans le brouhaha et le flou, mais les sons des noms, comme dans la litanie des généalogies bibliques où l'on psalmodie la paternité.

C'est la grâce des noms, c'est la grâce du flou ; c'est tout simplement la grâce, avec sa pesanteur. « En littérature, écrivait Théophile Gauthier, les œuvres ne sont rien sans la grâce. »

François Soulages, *Modiano Market 11*, Thessalonique, 5 mai 2018

Oui, que serait la littérature sans ce rapport aux frontières du flou, dans la mesure où le flou peut être le moteur de la littérature ? Donc la littérature *grâce* au flou.

La Fontaine écrivait : « La grâce, plus belle encore que la beauté. » Avec la grâce du flou, la littérature embrasse ainsi le divin, apophatique bien sûr, absolument *bien sûr*.

**François Soulages**
Thessalonique,
la ville du père bien sûr, absolument *bien sûr*

---

[80] *Du plus loin de l'oubli*, p. 141.
[81] *Un pedigree*, p. 831.

Chapitre 2

# Pedigree
**Modiano, Simenon**

> *Ce qui nous arrive viendrait-il toujours d'« une région du moi où je ne suis pas » et où pourtant je suis, pour de vrai ? Étrangeté de la mémoire. Étrangeté du temps. Étrangeté du rêve.*[82]
> J.-B. Pontalis

> *L'artiste crée du possible en même temps que du réel quand il exécute son œuvre.*[83]
> Henri Bergson

La question des frontières en littérature nous a permis de considérer pour la première fois l'oxymore que la juxtaposition des termes frontières et flou impliquait. L'expression « frontières du flou » ne nous avait jusqu'alors aucunement freinée dans nos investigations. L'objet « flou » était clair, ses frontières en conséquence aussi. Alors pourquoi est-ce en nous interrogeant sur les spécificités des frontières du flou en littérature que cet oxymore nous percute ? Parce que le flou nous semble partout en littérature ; en littérature, le flou est net, et ce pour deux raisons. Premièrement, la littérature

---

[82]. J.-B. Pontalis, *Ce temps qui ne passe pas*, (1997), Gallimard, Folio, 2013, p. 67.
[83]. Henri Bergson, *La pensée et le mouvant* Paris, Félix Alcan, 1934, p. 126.

nous apparaît comme nécessairement floue, car elle fait référence au réel – ce trou lacanien – en usant du langage. Or chaque mot au-delà du dénoté comporte multitude de connotations. Deuxièmement, quoique lié étroitement au premier point, la littérature est le flou car elle est le lieu d'une inévitable rencontre des différents imaginaires : celui de l'auteur et celui du lecteur.

Il nous était donc quasiment impossible de déterminer les frontières du flou puisque la littérature est le flou par excellence. Aussi, aucune définition du terme « frontières » ne semble correspondre à la littérature : aucune zone géographique, aucune limite, aucun obstacle. Pour tenter d'avancer dans ce problème, nous avons dû nous ancrer dans des lieux, les visiter, en faire l'expérience. Aussi, nous sommes-nous plongée dans deux œuvres précises – nous écrivons « précises » pour les croire limitées, pour nous assurer les frontières de notre texte, seulement nous les savons déjà perméables, car ces deux œuvres nous conduiront vers d'autres, inévitablement. La littérature est un passeport qui ouvre toutes les frontières : l'intertextualité est inévitable ; l'esprit navigue, se perd, revient parfois. C'est donc de cette aventure dans les œuvres dont nous voudrions rendre compte.

Il nous fallait pour travailler les frontières du flou trouver tout de même un cadre. Nous avons choisi d'explorer les territoires que sont la réalité, l'identité et le temps. Car ils possèdent chacun des frontières mises à mal en littérature. Nous avions nos trois lignes de fuites, nos trois lignes de chemins de fer, nous avons choisi d'y ajouter deux gares, de positionner deux espaces, deux points de vue : celui de l'auteur et celui du lecteur. Ces deux œuvres n'empruntent pas chacune une seule ligne, nous verrons qu'elles se croisent et s'entrecroisent. Nous cheminons donc à travers le roman *Pedigree*[84] de Georges Simenon, avec les éditions de 1948, 1952 et 1958 et *Un pedigree*[85] de Patrick Modiano, 2005.

---

[84]. Georges Simenon, *Pedigree,* Paris, Les presses de la Cité, 1948 ; *Pedigree,* Paris, Les presses de la Cité, 1952 ; *Pedigree,* (1958), Paris, Les presses de la Cité, Le livre de poche, 2013.
[85]. Patrick Modiano, *Un Pedigree*, (2005), Paris, Gallimard, Folio, 2014.

## Le passage des frontières du flou face à la réalité

Nous interrogeons tout d'abord la réalité avec *Pedigree* de Georges Simenon. Le récit de Simenon est un roman, les personnages du texte sont construits, induits par les imaginaires de l'auteur et du lecteur. Les éléments de cette fiction – personnages, objets, événements – sont flous par définition. Il nous est impossible de déterminer une frontière ; comme les limites de tel personnage, celui-ci est ce que l'auteur nous donne à lire, et ce que nous y voyons. Mais, pour autant, dire que les personnages ne sont pas réels, implique-t-il qu'ils soient flous ? Tout du moins, ils sont flottants et dépendants de l'écriture comme de la lecture. L'identité des personnages est en déplacement constant, en fonction de l'avancée dans le roman, en fonction des lecteurs. Il nous semble que l'on peut affirmer le flou du personnage de fiction. Quant aux événements ou objets, il en est de même : les imaginaires sont différents. Le roman, la fiction sont flous. Les frontières de la fiction sont indélimitées, et elles interrogent le réel.

*La généalogie*
Il est un domaine que nous pointons : la question de la filiation, de la transmission intergénérationnelle. La filiation donne un point d'ancrage fort dans la réalité : un *ça a été* puissant. Et ce point d'ancrage est manifeste dans les romans *Pedigree* de Simenon ou *Un pedigree* de Modiano. Nous serions tentée de faire de ces romans, le début d'un genre : à côté du roman historique, de l'autobiographie ou encore du poème épique. Chaque auteur serait invité à faire son « pedigree ».

Nous avons choisi de porter notre attention sur *Pedigree* de Simenon comme sur celui de Modiano. Que signifie le terme *pedigree* ? Rappeler sa définition n'est pas inutile. Un pedigree est la généalogie d'un animal domestique de race pure et le document où est consignée cette généalogie. Par analogie, le terme désigne la généalogie, origine d'une personne ou bien le document où est consignée cette généalogie, cette origine. Le pedigree est également entendu comme l'ensemble, liste des activités, des références d'une personne dans un domaine donné. C'est d'ailleurs la définition que retient Simenon dans sa préface, non pas à *Pedigree*, mais dans son ouvrage *Je me souviens* : « Il ne s'agit en effet pas d'une œuvre littéraire, mais d'une sorte de document.[86] » Et au début du texte, s'adressant à son jeune fils Marc : « À défaut d'arbre généalogique, j'essaierai de te faire connaître le petit milieu dont tu es sorti.[87] » De même, Modiano estime écrire « ces pages comme on rédige un constat ou un curriculum vitae, à titre documentaire[88] ».

Qu'en est-il de ces intentions ? Implicitement pointe une objectivité, un désir d'objectivité chez ces auteurs. Ces textes sont-ils bien seulement un état des lieux objectif ? Objectif ? Non ; mais, oui, il s'agit bien d'un état des lieux : celui des traces mnésiques qui remontent à la surface. Une volonté pour Simenon d'inscrire son fils dans un milieu, une volonté pour Modiano de s'affranchir de ce milieu : « sans doute pour en finir avec une vie qui n'était pas la mienne.[89] »

*L'auteur*

*Pedigree* est un ouvrage bien différent des autres livres de Simenon. Son origine est toute différente, et sa réalisation elle-même diverge : Simenon délaisse sa machine à écrire avec laquelle il écrit ses romans, se munit de cahiers et prend la plume. Ce livre fut écrit sous le coup d'une mauvaise nouvelle médicale annonçant en 1940 à Simenon des problèmes cardiaques ne lui laissant qu'une courte espérance de vie. Rapidement rassuré sur ce mauvais diagnostic, mais toujours sous le choc, il décide d'écrire pour sa famille, et en particulier pour son fils Marc, un récit en partie romanesque à la première personne décrivant la vie de sa famille dans le Liège du début du XXᵉ siècle, un récit de son enfance depuis sa naissance. De décembre 1940 à juin 1941, il travaille à la première partie du roman publiée en 1945 sous le titre *Je me souviens...*[90]. Sur les conseils d'André Gide, il retravaille le texte à la troisième

---

[86]. Georges Simenon, *Je me souviens...*, (1945), Paris, Les presses de la Cité, Le livre de poche, 2009, p. 10.
[87]. Georges Simenon, *ibid*, p. 20.
[88]. Patrick Modiano, *Un Pedigree*, *op. cit.*, quatrième de couverture.
[89]. Patrick Modiano, *ibidem*.
[90]. Georges Simenon, *Je me souviens...*, *op. cit.*, 2009.

personne et le complète en 1942 et 1943 de deux autres parties qui paraîtront aux Presses de la Cité en 1948 dans leur ensemble sous le titre actuel de *Pedigree*.

*Pedigree* est un texte chronologique, le lecteur est placé à l'extérieur de l'histoire. Il s'affirme comme un roman, c'est un récit à la troisième personne du singulier. Ce qui n'est pas le cas de *Je me souviens...* où les allers-retours sont fréquents entre une position intra ou extradiégétique. Simenon revendique le statut de roman à *Pedigree*, alors qu'il présente *Je me souviens...* comme une autobiographie, une dédicace à son fils aîné[91]. La distance romanesque est abolie avec *Je me souviens...*, l'autobiographie assumée, à tel point que Simenon s'était tout d'abord opposé à sa parution. Le titre, choisi par l'éditeur, ne convenait pas à l'auteur. En effet Simenon aurait souhaité un titre proche de celui choisi par Goethe pour ses souvenirs d'enfance : *Dichtung und Wahrheit*, *Poésie et vérité*, ou encore *Fiction et vérité*. Ce titre traduit un bel équilibre entre un « je me souviens » et un « ça a été », entre l'imaginaire et la réalité, en tout cas, il y prétend.

Revenons à *Pedigree*, le texte répond à cette association de fiction et de vérité, davantage peut-être que *Je me souviens...* Il semble être un récit paramnésique. En effet il s'opère une intrication du réel et de l'imaginaire. Même si les souvenirs ne paraissent pas altérés, et la mémoire n'apparaît pas trouble, le canevas des souvenirs et de la fiction crée le flou. Mais n'est-ce pas là le propre de la littérature ? S'il est des frontières du flou en littérature, elles tiennent dans le passage entre fiction et réalité, dans les limites entre l'imaginaire et le réel, entre la réalité et la vérité. En effet la littérature pose la question du vrai, bien que le flou ne soit pas tant intrinsèque au vrai qu'aux mots qui disent ce vrai.

Le roman *Pedigree* relate l'enfance et l'adolescence de Roger Mamelin. Une ambiguïté dès le départ, au cœur de l'écriture colle à ce roman. Simenon ne cache pas que ce texte a pour origine un autre texte, écrit à la main pour raconter son enfance et la transmettre à son fils. L'objectif premier est donc

---

[91]. Dans les préfaces ultérieures, Simenon dédicace ce livre à son fils Marc et à ses trois enfants nés après la première édition.

une transmission, un héritage que Simenon veut confier à son descendant. Une inscription dans le temps, dans une généalogie. D'ailleurs les premières de couverture du livre des première et deuxième éditions sont claires : un arbre généalogique. Dans le caractère formel même de cet arbre, il y a du flou : les noms sur les étiquettes de l'arbre ne sont pas lisibles. Si l'intention biographique semble claire, tout du moins la forme confirme la fiction. Et nous ne pouvons que suivre l'auteur quand il déclare n'avoir écrit ici aucune autobiographie. Simenon affirme dans sa préface à la troisième édition qu'il ne voudrait pas qu'on attache à ce livre l'étiquette de roman autobiographique ; or aujourd'hui si nous cherchons des informations sur *Pedigree*, la première que nous trouverons est qu'il s'agit d'un roman autobiographique. Pourtant Simenon insiste dans sa préface et en même temps se joue des mots : « dans mon roman tout est vrai sans que rien ne soit exact.[92] » Est-ce une tentative d'opposer vérité et réalité ? Cela indiquerait que son roman est vrai, dans le sens conforme à ce qu'il a vécu de sa place de sujet et d'auteur (ou d'acteur), et faux dans les faits, « objectivement ».

*Les lecteurs*
En ce qui concerne les personnages, Simenon écrit « avoir usé du privilège de recréer en partant de matériaux composites, [se] tenant au plus près de la vérité poétique que de la vérité tout court.[93] » Et pourtant nombre de gens ont voulu se reconnaître dans ces personnages. À tel point que certains se sentirent offensés et intentèrent à Simenon un procès pour diffamation, procès qu'ils gagnèrent. En conséquence, Simenon dut retirer tous les livres *Pedigree* édités du marché et une seconde édition eut lieu en 1952.

Nous portons notre attention sur cette deuxième édition de *Pedigree*. Avec ironie, Simenon a laissé en blanc les parties de son texte incriminées, ne conservant que la ponctuation. Ainsi une demi-page ou des paragraphes entiers sont visiblement amputés de leurs mots, ponctués seulement

---

[92]. Georges Simenon, *Pedigree*, (1958), *op. cit.*, Préface, p. 6.
[93]. Georges Simenon, *Pedigree*, (1958), *op. cit.*, Préface, p. 7.

de virgules, points d'exclamation ou encore de points. Ainsi seule la ponctuation muette perdure. Parfois seul un nom de famille est supprimé, laissé en blanc. L'avertissement de Simenon à cette deuxième édition est explicite, il écrit que certains citoyens ont *voulu* se reconnaître dans les personnages de son roman : « Les passages supprimés l'ont été sur l'ordre des tribunaux de Liège et de Verviers (Belgique), certains citoyens de ces deux villes ayant voulu se reconnaître dans les personnages de mon roman.[94] » Cette deuxième édition pose à son tour la question de la frontière : d'une part, le texte se veut un roman, donc les personnages sont le fruit de l'imagination, et d'autre part, les tribunaux, la société, le monde réel ont fait retirer quelques mots ou lignes du roman. Par le fait que des personnes réelles se reconnaissent ou bien veulent se reconnaître, le roman fictionnel a été amputé. La frontière est franchie entre le monde du roman et celui de la réalité. La réalité s'invite dans le roman.

La vérité, quant à elle, est-elle en cause ici ? La vérité des lecteurs procéduriers traverserait-elle les frontières de la réalité et de la fiction ? Au-delà de la vérité, n'est-ce pas la valeur qui est source des procès ? Ces lecteurs auraient-ils réagi ainsi si M. n'était pas décrit comme gras aux yeux luisants de gorets, mais comme un élégant et subtil gentleman ? Certes les tribunaux jugèrent de l'aspect diffamatoire, cependant implicitement il accordait au roman la vérité[95].

---

[94]. Georges Simenon, *Pedigree*, Paris, Les presses de la Cité, 1952, Avertissement.
[95]. Les mots convoquent un rapport trouble, flou à la vérité et au temps. Ainsi Modiano écrit, dans *Dora Bruder* (1997), une enquête sur une jeune fille juive disparue dans le Paris de l'Occupation : « Beaucoup d'amis que je n'ai pas connus ont disparu en 1945, l'année de ma naissance. » Alors que, de son côté, le plasticien Christian Boltanski en 1970 s'approprie une photographie d'album de famille qu'il a trouvé et la titre : « Tout ce que je sais d'une femme qui est morte et que je n'ai pas connue ». (Le titre du livre est « Les documents photographiques qui suivent m'ont été transmis par Louis Caballero », bien qu'il soit connu sous le terme préalablement cité. Edition à compte d'auteur, Paris, 1970 ; réédité in Christian Boltanski, Livres d'artiste 1969-2007, Paris, 2008, pp. 16-17.) Avec ce titre et cette photo, Boltanski crée une fiction imaginaire d'une mémoire possiblement collective. Mais dans les arts visuels le flou ici n'est pas mis en question, car la véracité n'est pas attendue. Boltanski dit, ou plutôt fait, la même chose que Modiano, mais il

Quoi qu'il en soit, la reconnaissance par le lecteur de sa présence dans le roman pose problème. Cette aventure éclaire bien toute la difficulté qu'il y a à percevoir *Pedigree* comme une fiction, puisqu'il est largement autobiographique et que d'autres personnes s'y sont aisément reconnues. On touche là à la reconstruction romanesque opérée par l'auteur, et à son souhait d'écrire un roman qui soit un mélange complet du réel et de l'imaginaire. Des personnes réelles se retrouvent dans le roman : qu'est-ce que cela veut dire ? Que le roman est une peinture du réel ? Une photographie du réel ? Quelle est la spécificité du roman face à la réalité ? La question ici est crucialement posée : pour le lecteur qui se reconnaît, le roman de Simenon ne serait-il pas un roman mais un reportage ? Une description de la réalité à laquelle il appartient ? Il y a projection du lecteur dans l'œuvre ; mais quel est le statut de cette projection ? Et quel est en conséquence celui de l'œuvre ? Le lecteur ici décide du statut d'autobiographie de *Pedigree*, alors même que Simenon s'en défend. Finalement, on assiste à un mélange du réel et de l'imaginaire : la réalité du lecteur et de celle de l'auteur, l'imaginaire du lecteur et celui de l'auteur ; où placer le curseur ? Impossible flou, frontières impossibles. Les catégories, les genres littéraires sont mis à mal, les frontières bousculées. Ou bien la littérature ne supporte-t-elle simplement pas les frontières ?

Un travail de mémoire à partir de faits réels est à l'origine des fictions de Simenon. L'autobiographie et le roman fonctionnent chez lui en système, sur une échelle graduée qui irait de l'autobiographique pure au romanesque façonné par le vécu. L'écriture de Simenon imbrique les éléments réels à la fiction, mais à bien des égards elle recompose aussi la mémoire

---

ne le dit pas, ce qui change la donne. En effet dans le travail de mémoire de Boltanski, le flou est assumé, toléré, non mis en question, alors qu'en littérature on va poser la question du vrai, du document, de la fiction. Ce qui est aujourd'hui entendu dans les arts visuels, et notamment en photographie, est suspecté en littérature. La fiction *Pedigree* de Simenon est décriée par certains, car elle est considérée comme mensongère et diffamatoire. Mais dans l'œuvre visuelle la vérité, n'étant pas en question, ne pose-t-elle pas de soucis ? Différemment, dans la fiction *Dora Bruder*, Modiano interroge le lecteur et crée un flou temporel avec son affirmation. Les frontières du flou sont assurément plus difficilement appréhendables en littérature.

du réel. Le récit montre la fragilité du regard sur la réalité, la dépendance de celle-ci à l'égard de celui qui regarde, qui lit, qui juge, qui historicise. Malgré cela, il y a chez Simenon un désir d'ancrage dans la réalité, et, avec une pirouette, il déclare dans la préface de 1958 à son roman : *Pedigree* est « plus près de la vérité poétique que de la vérité tout court.[96] » Cette mésaventure pose, 25 ans avant l'heure, la question de l'autofiction. Mais, si l'on suit Genette, l'autofiction est une fausse question[97]. Et nous le rejoignons, car elle est épuisée dans les différents systèmes d'analyse que le critique met en place. Que fait Simenon en donnant le statut de roman à ce texte ? S'il affirme dans la préface à la version de 1958 que son œuvre est « une œuvre où l'imagination et la re-création ont la plus grande part.[98] », son affirmation elle-même n'est pas claire : une « plus grande part ». Le fait que des personnes se reconnaissent dans le texte montre que la frontière entre fiction et réel est franchie. Le flou n'est pas permis. Simenon affirme néanmoins le travail créateur, la part de l'imaginaire. Ce qui est en jeu au-delà même de la question de l'exercice mémoriel, c'est davantage l'impossible réalité ou le réel impossible.

*L'auteur*

Il y a problème dans la pulvérisation des frontières, Simenon est malmené par le lecteur, qui se reconnaît. C'est le lecteur qui franchit la frontière du flou et affirme nettement la corrélation entre la réalité et le texte, le récit. Mais, au regard de l'ironie dont fait preuve Simenon dans son avertissement, on mesure le fait qu'il ne soit pas si innocent, et bien à l'origine d'une reconnaissance possible par le fait qu'il relate des éléments emprunts de réalité : soit un nom, soit un tic ou encore une démarche. Simenon sème des indices pour que le lecteur se reconnaisse. Mais quel lecteur ? Celui qui a été aussi un acteur de son passé. Simenon cherche-t-il une confirmation de ce passé, de l'existant ?

---

[96]. Georges Simenon, *Pedigree*, (1958), *op. cit.*, Préface, p. 7.
[97]. Gérard Genette, *Fiction et diction*, (1979), Paris, Seuil, Points, 2004, pp. 154-163 et p. 229.
[98]. Georges Simenon, *Pedigree*, (1958), *op. cit.*, Préface, p. 8.

Avec les blancs, les vides laissés dans la deuxième édition, Simenon réaffirme les faits, il effectue une répétition – même muette – des faits, des gens décrits. Le vide même affirme l'existence de ces personnages. Ainsi, bien qu'il veuille affirmer le statut de roman à son récit, et donc de personnages fictifs, en effaçant ces passages, plutôt que de les remplacer (ce qui sera fait plus tard dans la troisième édition), cela affirme au contraire leur existence. Et aussi cela pose un jugement de valeur, c'est comme si Simenon réaffirmait leur petitesse. Car il faut dire que ces personnages n'ont pas « le beau rôle ». Effacer, laisser un vide à la place des personnages dans le roman, permet de les supprimer, de les tuer ainsi dans la fiction. De les mépriser encore davantage dans le mode réel. Car il y a bien une perméabilité du texte avec la réalité. Le flou est avancé : c'est une fiction qui se confronte à un net, à un jeu enfantin, à un « pour de vrai[99] ».

### L'auteur

*Un pedigree* vient authentifier les différents éléments, faits, personnages qui se répètent dans l'ensemble de l'œuvre de Modiano. Le matériau biographique permet la fiction. Dans ces livres, l'auteur déclare « vaporiser dans l'imaginaire ce matériau ». Il ne rend pas compte d'une fiction dans *Un pedigree*. Il s'adonne à un exercice de mémoire. Ce roman est présenté tel un souvenir consciemment assumé, délibérément et froidement narré. *Un pedigree* se veut un phare net, un repère exact, il se veut quasiment la réalité. *Un pedigree* se veut un récit

---

[99]. *L'auteur, de nouveau.* L'auteur quant à lui n'est pas en reste de projection. Simenon affirme que le personnage Roger Mamelin « a beaucoup de traits de ressemblance avec l'enfant que j'ai été » [Georges Simenon, *Pedigree,* (1958), Paris, Le livre de poche, 2013, p. 8.]. Seulement cette ressemblance assumée, cette partie de l'auteur qui forge le personnage, est également présente dans d'autres personnages. Dans *Pedigree* de Simenon, il y a une histoire dans l'histoire, l'aventure de Félix Marette, jeune anarchiste contraint de fuir Liège pour Paris. Connaissant le regard de Simenon sur ce type de personnage, dans la réalité ou le roman [Georges Simenon, *Les Trois Crimes de mes amis*, Paris, Gallimard, 1938.], nous pouvons affirmer que le personnage de Félix Marette est une projection de l'auteur ; l'histoire dans l'histoire, l'autoportrait en un autre. Ce personnage est comme un double, un autre possible, voire un Idéal du moi de l'auteur.

de soi à dimension plus documentaire que subjective. C'est ce qu'affirme Modiano : « Il ne s'agit que d'une simple pellicule de faits et de gestes.[100] » Certes le ton est froid ; pour autant le texte conserve sa part de flou inaltérable. L'autobiographie qu'est *Un pedigree* fait tout de même le procès de ses parents : aucune tendresse, un rapport froid et factuel malgré l'intention d'objectivité de l'auteur : « Je rédige un constat[101] ». Un discours donc objectif, une « pellicule », donc une vue photographique ? C'est sans tenir compte de ce que la photographie engendre comme flou. Cette permanence de lire, de voir, de croire en l'objectivité de l'image photographique est incroyable.

Les frontières du flou sont franchies différemment avec Modiano. Pour ainsi dire il n'y a pas de frontières avec la réalité : le récit fait feu de tout bois, s'affirme comme autobiographique. L'auteur fait froidement état de son enfance et de son adolescence et Modiano déclare que cette vie qu'il retrace n'est pas la sienne. *Un pedigree* est considéré comme une autobiographie, seulement l'auteur estime qu'elle ne le concerne pas : écrit-il alors une fiction ? En quelque sorte, Modiano écrit l'histoire d'un être de 0 à 20 ans qui est né de tels parents, à tel endroit et à telle époque. Telle une fiction construite de faits réels et de données personnelles, cette histoire n'appartient à personne et encore moins à son auteur : inversion des rôles et places.

Il y a, à l'origine du texte, un don à la génération suivante, sous-entendu « je sais d'où je viens, mais toi tu ne sais pas d'où je viens, donc tu ne sais pas d'où toi tu viens ». Le récit de Simenon vient inscrire du net dans le réel, il vient étayer l'identité si ce n'est de l'auteur, tout du moins intentionnellement, étayer l'identité du descendant, du successeur. Un besoin d'inscrire dans une lignée l'individu réel. N'est-ce pas aussi ce que fait Modiano dans *Un pedigree* ? Dans ce livre, aucune « bousculade » apparente entre la réalité et la fiction. Les pleins et les vides sont d'une autre nature. Les blancs formels font écho au blanc contenu dans la forme

---

[100]. Patrick Modiano, *Un Pedigree*, *op. cit.*, p. 45.
[101]. Patrick Modiano, *Un Pedigree*, *op. cit.*, quatrième de couverture.

textuelle des livres de Modiano. Le blanc, ou trou, ou encore vide, est le lieu d'indétermination du texte que le lecteur doit actualiser. Le blanc est le propre d'un texte littéraire caractérisé par une négativité essentielle, il se distingue par son inachèvement, le texte ne développe pas tout son sens. Le blanc n'est pas seulement un vide sémantique, c'est aussi une possibilité d'assemblage et de combinaison, une association.

## Le passage des frontières du flou face à l'identité

Modiano interroge non seulement le flou du rapport à la réalité, mais le flou du rapport à l'identité. La construction de l'identité est en jeu au travers/face à la production de l'écriture. *Un pedigree* questionne crucialement : l'auteur est-il le produit de son écriture ? Est-il son écriture ? La vertu de *Un pedigree* va être de faire franchir à l'auteur les frontières du flou de son identité.

*La narratologie*
Certes s'il est un flou dans l'ensemble de l'œuvre de Modiano, nous le trouvons en premier lieu dans la forme, dans son style. Il est certain que l'on ne peut pas isoler la forme, le style du roman de son contenu. Une esthétique du flou[102] se dégage de l'œuvre de cet auteur avec la combinaison de détails saillants et précis ou de faits évanescents. Les déplacements, répétitions, interstices présents dans le texte accompagnent le souvenir et l'incertitude attenante. Cet aspect est également présent dans *Un pedigree*. Et ce, même si ce livre ressemble à un exercice de consignation. Les traces mnésiques de la conscience y sont mises au jour : cela n'est pas un reportage, un enregistrement de faits en train de se dérouler. La distance temporelle fait son office et le fait se meut en souvenir ; la mémoire crée le souvenir, le besoin crée le fait, la psyché accepte et ordonne le refoulé. En effet, dans son œuvre, Modiano en appelle au refoulement, presque au lapsus, à l'acte

---

[102]. À ce propos, voir la belle étude de Bruno Blanckeman, *Lire Patrick Modiano*, (2009), Paris, Armand Colin, 2014, p. 55.

manqué. Il jette les mots. Le lecteur n'a pas le temps de s'installer dans le récit. Il doit – lui aussi – sauter d'une phrase à l'autre, d'un temps à l'autre. Dans l'ensemble de l'œuvre, il y a répétition des moments, des personnages au fil des romans.

Certes, le vocabulaire, le champ lexical d'*Un pedigree* est chargé de flou, d'obscurité et d'ambiguïté. Le vague, l'imprécis accompagnent ce récit et ils se confrontent au net des dates, lieux ou évènements. L'œuvre est pleine de fantômes et de pénombre, de silhouettes entraperçues et de souvenirs flous. La forme d'*Un pedigree* s'appuie sur la répétition. Le texte semble discontinu, fragmentaire, il en devient parfois opaque, et pourtant il dit quelque chose. Les fragments disent le flou. Les frontières sont minces entre le sujet psychique qu'est l'auteur et le sujet fictionnel qu'est le personnage (le narrateur). Le récit influe sur le sujet auteur comme sur le sujet lecteur.

*Le lecteur*

Les personnages ou les lieux se retrouvent d'un livre à l'autre dans l'œuvre de Modiano, ce qui crée chez le lecteur une sensation de net, car de reconnaissance, de souvenirs communs à ceux de l'auteur. L'élaboration continue du sujet-auteur apparaît au travers de ce texte, mais aussi des autres textes de Modiano. L'auteur est reconnu pour son écriture minimale, un enchevêtrement de faits, d'événements et d'impressions. Une économie du dire. Des phrases courtes, quasiment des didascalies.

> L'art minimal (…) crée un autre rapport au sens, une autre façon d'impressionner le lecteur, en se situant en phase avec l'intelligence sensible davantage que consciente, avec une dynamique intuitive plutôt qu'un mode de progression rationnel.[103]

Ainsi l'écriture de Modiano ménage-t-elle une place libre et en construction au lecteur. Finalement, il crée du flou afin que le lecteur trouve sa place. La place du lecteur. Le vide, le trou permet au lecteur d'être mobile, voire errant, de créer librement des relations. Les lacunes ou les équivoques du récit ménagent une place au lecteur. L'auteur en créant du flou met

---

[103]. Bruno Blanckeman, *Lire Patrick Modiano, op. cit.*, p. 35.

le lecteur en mouvement, en quête presque. Il y a interdépendance des sujets en jeu en littérature.

*L'auteur*

S'il est une frontière du flou qui est tangible, c'est donc celle qui comporte des passages, des *check-points*. Les lieux de la psyché sont visités, revisités. La littérature nous véhicule dans les différents lieux de l'appareil psychique. Nous assistons à la construction du moi, nous observons le moi de l'auteur en mouvement, et nous ne pouvons rester passifs, comme lecteurs nous bougeons aussi face au texte. Et l'objet livre est le lieu de tous les possibles. Il est le lieu représentatif des lieux du psychisme. Dans *Pedigree* de Simenon ou *Un pedigree* de Modiano, les lieux se décrivent, s'inscrivent dans les pages, le lecteur déambule dans Liège ou Paris. À l'instar des protagonistes des textes, le lecteur passe « au cours » (prenant des raccourcis en empruntant les ruelles) chez Simenon, il file « au travers » chez Modiano. Mais, de quoi s'agit-il ? Quelles sont ces cartes qui se dessinent sous nos yeux, si ce ne sont les lieux de la psyché ? Le livre advient comme lieu alors que les auteurs veulent rendre compte de leurs milieux.

Quelle est la place du je, du jeu dans le roman ? Dans *La création littéraire et le rêve éveillé*, Freud étudie les relations qui existent entre la vie de l'auteur et ses créations : l'hypothèse que l'œuvre littéraire, tout comme le rêve diurne, serait une continuation et un substitut du jeu enfantin d'autrefois[104] :

> Le contraire du jeu n'est pas le sérieux, mais la réalité. En dépit de tout investissement d'affect, l'enfant distingue fort bien le monde de ses jeux de la réalité, il cherche volontiers un point d'appui aux objets et aux situations qu'il imagine dans les choses palpables et visibles du monde réel. Rien d'autre que cet appui ne différencie le jeu de l'enfant du « rêve éveillé ».[105]

Fiction et réalité ? Cet appui de l'enfant se retrouve dans le roman *Pedigree* de Simenon lorsque personnages, lieux ou évènements étayent le récit. Cela implique que le roman soit un

---

[104]. Sigmund Freud, *La création littéraire et le rêve éveillé*, (1908), p. 10.
[105]. *Ibidem*, p. 5.

jeu, tout le contraire d'un objectif documentaire. Alors si l'écriture est un jeu, lorsque le jeu n'est plus, on tombe dans la réalité : l'autobiographie empêcherait-elle le jeu ? *Un pedigree* est-il une tentative de réalité ? Ou bien une tentative de s'en affranchir avec cette volonté ou ce discours d'objectivité ? C'est ce que dit Modiano à la parution de son livre, comme si *Un pedigree* contenait les points d'appui pour l'ensemble de l'œuvre, une limite et en même temps un tremplin pour la fiction, le milieu. Modiano déclare à propos de *Un pedigree* : « Presque chaque paragraphe de ce livre peut se retrouver dispersé dans mes autres livres, et « transposé » dans l'imaginaire. Il suffit d'appuyer sur un bouton, comme sur un tableau de commande.[106] » Ces livres sont au cœur des œuvres et des *je* des auteurs.

*La cure*

Nous effectuons maintenant un parallèle avec la cure psychanalytique et la construction possible de l'identité. Nous ne pouvons pas éluder la forme du texte : une réelle esthétique du flou se dégage de ce style fragmentaire. Souvent, les détails affleurent, le souvenir est suggéré, même si parfois le fait était clair et net. Le flou vient de la combinaison. On oscille entre le conscient et l'inconscient qui parfois surgit : une sensation par exemple. Une écriture reflet de l'inconscient, avec ses percées vers le conscient. Les flous, les termes flottants, les zones d'ombre qui contrastent avec des mots secs, durs, qui fouettent. Le point de vue de l'auteur, l'énonciation, se situe à la lisière de la conscience. Les éléments de l'écriture sont tels des symptômes ; le narrateur qui est ici également l'auteur nous fait part de miettes, de parties de sa mémoire, de souvenirs qui ont affleuré à sa conscience. Un texte qui s'apparente en effet au rêve ou encore à la cure.

Pour Pontalis, l'analyse permet de convertir l'histoire du sujet, telle que celui-ci la raconte comme une succession, un enchaînement d'événements, en un entrecroisement de lignes,

---

[106]. Patrick Modiano, *Rencontre avec Patrick Modiano, à l'occasion de la parution d'Un Pedigree*, 2005.

autrement enchaînantes, où il ne se retrouve plus[107]. Mais c'est sans compter sur l'inconscient qui jamais ne renonce, et, à force de répétition, finira par se muer en illusion créatrice[108]. Cette définition pourrait aller à Modiano, car son livre répond aux deux orientations freudiennes concernant la cure : remémoration et répétition. Ces deux éléments sont en effet présents dans l'œuvre. Le terme *rémorisation* a trait essentiellement au travail de mémoire qui permet la levée du refoulement. Il ne s'agit pas tant de retrouver la mémoire, que de faire de la mémoire une combinaison de traces mnésiques sans cesse remaniée. Il ne s'agit pas non plus de reconstruire, mais de convertir l'histoire du sujet[109], pas d'autobiographie donc. Il s'agit, au même titre que l'on fait l'histoire, de construire avec l'analyste une histoire dans laquelle le sujet va se reconnaître. Le travail de la cure, à l'instar de celui de l'historien, consiste même si l'on s'en tient strictement aux faits, comme Modiano qui estime faire un curriculum vitae, à faire des choix et des enchaînements. Ainsi Pontalis écrit-il « il n'existe pas d'histoire sans construction et même, pour les plus hardis, que fiction et vérité vont de pair.[110] » Dans la mémoire est à l'œuvre la condensation, le déplacement ou encore l'incorporation.

La remémoration est toujours la condition du succès de la cure. N'assiste-t-on donc pas dans/avec *Un pedigree* à une cure réussie ? Et dire qu'*Un pedigree* suit le processus de la cure, c'est dire que le texte s'apparente à une cure psychanalytique. Par l'écriture de ce texte, Modiano réalise l'épreuve de l'analyse par l'exercice de remémoration. Pontalis écrit « Voici un passé présent que j'anime au lieu de me sentir déterminé par lui. Conjointement perte et trouvaille, ce retour en arrière me porte en avant.[111] » L'exercice de remémoration permet à l'auteur de forger sa personnalité, son identité. Modiano

---

[107]. J.-B. Pontalis, *Ce temps qui ne passe pas*, (1997), Gallimard, Folio, 2013, p. 148.
[108]. *Ibidem*, p. 150.
[109]. Voir J.-B. Pontalis, « Temps autre et autre temps », in *Ce temps qui ne passe pas, op. cit.*
[110]. J.-B. Pontalis, *Ce temps qui ne passe pas, op. cit.*, p. 24.
[111]. *Ibidem*, p. 15.

construit par ce récit une réalité, à partir de son présent, il réalise cette pensée de Pontalis. Le moi de l'auteur se déplace avec et par l'écriture. En effet, avec l'exercice de la littérature, c'est l'identité de Modiano qui est en construction. Redondance dans l'autobiographie, comme dans l'autoportrait : le moi a été celui qu'il décrit, il est celui qu'il décrit (dans l'actualisation du lecteur), et le moi est celui qu'il va devenir en écrivant. Modiano semble ramener à la surface des vestiges afin de mieux se connaître, ou davantage, de s'engendrer.

*Un pedigree* et toute l'œuvre de Modiano s'apparentent à une cure et lui permet de forger, de décider de son avenir, de son identité, lui permet de vivre tel « quand lui-même ». En effet Pontalis nous éclaire : « Si le resouvenir des événements psychiques et factuels fait défaut, le passé ne sera pas différencié du présent, il l'infiltrera de part en part, et déterminera le futur.[112] » Tout souvenir porte en lui des traces, et ce n'est pas tant un souvenir déformé qui sera signifiant, mais plutôt le chemin emprunté : le tracé. La méthode psychanalytique n'est donc pas celle du souvenir déformé, mais plutôt des chemins, le passage que l'on se fraye vers un territoire inconnu. Les lignes de Modiano tracent ce chemin, il fraye *un* chemin dans la réalité.

La fin de *Un pedigree* met bien en exergue le côté curatif, non pas de ce livre en particulier, mais de l'écriture en général. L'auteur quitte l'adolescence et s'affranchit de son milieu, de ses parents, pour naître à l'âge adulte. Ainsi il écrit métaphoriquement dans le tout dernier paragraphe : « Ce soir-là, je m'étais senti léger pour la première fois de ma vie. (…) J'avais pris le large avant que le ponton vermoulu ne s'écroule. Il était temps.[113] » Quelque temps après ce moment, Modiano se tournera vers l'écriture avec le roman *La place de l'étoile* en 1968. L'écriture est le lieu de ce passage vers l'âge adulte. Il y a comme une percussion entre le réel vécu et la fiction écrite, par la littérature ; le flou de l'identité s'est estompé, l'écriture a créé une limite.

---

[112]. *Ibidem*, p. 109.
[113]. Patrick Modiano, *Un Pedigree, op. cit.*, p. 127.

Pour Marcel Aymé, « quand les mots se mettent à enfler, quand leur sens devient ambigu, incertain et que le vocabulaire se charge de flou, d'obscurité, de néant péremptoire, il n'y a plus de recours pour l'esprit.[114] » Au contraire, le flou chez Modiano permet à la psyché de se construire et elle s'actualise par l'écriture. Modiano présente dans *Un pedigree* des situations vécues, tels des marqueurs de la conscience, des traces qui font retour ; il fait part des évènements de son enfance et de son adolescence, et ces éléments sont constitutifs de son identité. Le livre crée un espace identitaire, un possible. Si l'écriture est floue, le livre est bien créé : il s'inscrit dans le réel et permet à Modiano d'advenir. La dimension curative est explicite à la fin du récit : « Je continue d'écrire mon roman, le soir, dans une chambre des grands blocs d'immeubles du boulevard Kellermann et dans les deux cafés, au bout de la rue de l'Amiral-Mouchez.[115] »

### *La filiation*

Finalement, ce n'est pas tant *Un pedigree* qui aura permis à Modiano de devenir, de constituer son identité, mais bien l'écriture fictionnelle étayée par sa mémoire. Car *Un pedigree* n'est-il pas une sorte d'anamnèse ? C'est-à-dire une reconstitution de l'histoire pathologique d'un malade, au moyen de ses souvenirs et de ceux de son entourage, en vue d'orienter le diagnostic, les données de cette reconstitution. Nous pouvons objecter qu'il n'y a dans la démarche de l'auteur aucune pathologie sous-jacente. Ce qu'affirme Modiano, ce n'est pas tant une folie qu'une difficulté à être, à être à partir de deux êtres, de l'association toute puissante qui crée le sujet. Comment être au monde sans naître au monde ?

Il y a un flou, un trouble dans l'identité de l'auteur. Il cherche, recherche son identité. *A priori* la littérature n'est pas l'espace qui permettrait à une identité de se forger, de devenir plus nette. Pourtant l'œuvre de Modiano, et en particulier *Un pedigree,* permet à l'auteur de franchir les frontières de sa

---

[114]. Marcel Aymé, *Le confort intellectuel,* Paris, Flammarion, 1949, p. 41.
[115]. Patrick Modiano, *Un Pedigree*, (2005), Paris, Gallimard, Folio, 2014, p. 124. Le roman compte 126 pages.

généalogie et de digérer un fait net et précis : le réel de la filiation. Et, en même temps, Modiano écrit cette autobiographie, il fait cet exercice mémoriel. A-t-il besoin de renouer avec un passé ? Au vu du ton du livre, il ne semble pas. Veut-il s'en affranchir ? Ou bien l'introgérer ? Ou bien s'agit-il d'une anamnèse ? S'engage-t-il dans un processus d'anamnèse ? Il semble bien qu'il y ait eu une nécessité à écrire *Un pedigree*. Modiano est à l'extérieur du récit même s'il dit *je*. Il est ou paraît détaché, indifférent (moqueur parfois mais peu), et, malgré cette distance, il écrit. Pourquoi ? Parce qu'il est en dette ? Parce que la filiation est ce qui inévitablement le lie au réel. Une réalité dont il ne veut pas, mais une réalité qui le constitue, qui l'a fait advenir. Une reconnaissance obligée ?

La filiation permet de concevoir le rapport de l'auteur avec la réalité : comment être au monde sans être venu au monde ? C'est impossible, cet impossible. Dans le texte *Aux limites de la fiction, Rimbaud et l'objet de l'incrédulité*[116], Pierre Campion écrit :

> La filiation selon Rimbaud n'est qu'une image, une image de l'héritage elle-même héritée, certes la plus prégnante et la mieux identifiable en une personne, l'image la plus irréfutable, la plus haïe, car résumée en celui des deux parents qui est encore là et qui concentre sur lui l'évidence du biologique et la prégnance du symbolique, l'image de toutes les médiations imposées à la réalité par nos fausses imaginations et par notre incapacité à la vivre.

Appliquée à Rimbaud, cette citation s'épanouit aussi au regard de l'œuvre de Modiano et en particulier *Un pedigree*. Nécessaire et contingente, c'est notre naissance qui nous assigne obligatoirement à la réalité : à être sous la dépendance de la réalité. Car, en tout état de cause, la filiation est un lien objectif, le lien historique, organique et de dépendance que l'enfant entretient avec sa parenté. Ce lien usurpe et absorbe tous les autres : il ne décrit pas seulement une origine et une histoire personnelles, il envahit le sujet lui-même. Il crée une dépendance, davantage une dette. Modiano semble s'acquitter

---

[116]. Pierre Campion, *Aux limites de la fiction, Rimbaud et l'objet de l'incrédulité*, [Consulté en ligne février 2015],
<http://www.fabula.org/effet/interventions/3.php>

d'une dette avec la rédaction et la parution du livre *Un pedigree*. Une dette à l'égard de qui ? Des parents, non ; il est une seule dette dont Modiano se charge : la mort du frère. Du frère qui, lui, n'a pas vécu, du frère, lui qui n'a pas la parole, lui qui est sans héritage. Celui qui a rompu le lien filial. Seule la mort du frère est un fait recevable, une pierre indéniable, un méga-fait réel. Le reste, tout le reste, jusqu'à la filiation, Modiano s'en dégage pour advenir.

**Le passage des frontières du flou face au temps**

*L'auteur*
Avec *Un pedigree*, Modiano change la réalité, modifie le cours du temps. Il conjure l'irréversibilité du temps. Bien que le récit soit chronologique, la forme du texte donne un rythme, un temps, plusieurs. Le temps avec Modiano est singulier et pluriel, continu et discontinu. Une percussion opère entre les différents temps. Le temps en littérature est un flou, sans frontière. Car le temps se condense dans le présent de la lecture et celui de la création, de l'édition du livre. Bien que Pontalis écrive : « Comment admettre que le temps soit irréversible, qu'il n'y a pas moyen d'être maître du temps ? Si puissante que soit notre mégalomanie, elle achoppe là-dessus. Nul ne peut *tuer* le temps.[117] » Et pourtant Modiano dans *Un pedigree*, nous dit, nous écrit « ça a été » mon enfance et mon adolescence, c'est mon père et ma mère ; cependant grâce à l'esthétique du flou de son œuvre, grâce à la prétendue objectivité d'*Un pedigree*, Modiano *est* sans *avoir-été*. Davantage, il naît avec le pedigree d'un père qu'il se choisit. Car s'il est une construction identitaire qui appartienne à *Un pedigree*, c'est bien son titre.

Cette autobiographie rejette les parents biologiques et permet à Modiano de se créer sa propre généalogie ; il nomme le père : Simenon. La volonté de faire un constat net et précis de sa filiation aura permis à l'auteur de quitter, de s'affranchir du flou et du malaise que lui procurait cet indéniable,

---

[117]. J.-B. Pontalis, *Ce temps qui ne passe pas, op. cit.*, p. 140.

irréfutable lien au réel qu'est la filiation. C'est dans la littérature, dans la fiction, dans un au-delà de la réalité ou bien au cœur de la réalité que Modiano s'inscrit. L'identité du sujet se confond avec l'identité de l'auteur ; Modiano est un auteur, rien d'autre, dirions-nous péremptoire. L'affirmation identitaire marque la fin d'un flou insupportable pour Modiano. Par sa citation au *Pedigree* de Simenon, Modiano s'inscrit dans une filiation choisie, une filiation littéraire.

*Un pedigree* de Modiano permet à son auteur d'être net : *Un pedigree* permet à Modiano d'advenir, à son identité, si ce n'est de s'épanouir ; tout du moins pour reprendre les mots[118] de la quatrième de couverture de son ouvrage et les retourner, les détourner, nous dirions : la littérature permet à Modiano de vivre une vie qui est la sienne. Et si ce qui a été, la naissance, la filiation est indubitable, pour autant, c'est ce qu'en fait l'auteur qui est déterminant. C'est lui qui fait bouger par son déplacement constant ce point fixe qu'est la filiation. Modiano se détache de toute détermination relative. Par la place qu'il prend, il illustre le fait que tout dépend de l'endroit d'où l'on parle, du point de vue et de l'actualisation du *ça a été* inscrit dans la réalité. Et si *Un pedigree* relate l'enfance et l'adolescence de Modiano, un temps qui a été irrémédiablement, pourtant *Un pedigree* tue le temps, le texte fait de l'auteur le maître. La littérature, le livre par un présent actualisé condense les trois phases du temps passé, présent et futur. Aucun flou dû à la mémoire et à ses souvenirs ne tient ; seule la netteté du présent perdure. Parce que Modiano nie avoir été pendant ses 20 premières années. L'auteur crée le temps, il crée son temps, il se crée, il date sa naissance. Il devient le maître du temps et celui du possible.

L'aventure de Modiano rejoint la vision de Bergson dans *La pensée et le mouvant* : le philosophe est interrogé par un journaliste ; nous sommes pendant la Grande Guerre et le présent est plein d'inquiétude. Le journaliste est préoccupé par l'avenir de la littérature, et il demande à Bergson ce qu'il

---

[118]. Patrick Modiano, *Un Pedigree*, *op. cit.*, quatrième de couverture : « sans doute pour en finir avec une vie qui n'était pas la mienne. »

pressent. S'engage alors un dialogue sur le possible. Bergson affirme alors :

> Au fur et à mesure que la réalité se crée, imprévisible et neuve, son image se réfléchit derrière elle dans le passé indéfini ; elle se trouve ainsi avoir été, de tout temps, possible ; mais c'est à ce moment précis qu'elle commence à l'avoir toujours été, et voilà pourquoi je disais que sa possibilité, qui ne précède pas sa réalité, l'aura précédée une fois la réalité apparue.

Et de poursuivre :

> Le possible est donc le mirage du présent dans le passé : et comme nous savons que l'avenir finira par être du présent, comme l'effet de mirage continue sans relâche à se produire, nous nous disons que dans notre présent actuel, qui sera le passé de demain, l'image de demain est déjà contenue quoique nous n'arrivions pas à la saisir. Là est précisément l'illusion.[119]

La littérature offre tous les passages, elle rend compte du chemin du sujet et des points d'ancrage nécessaires et dépassables, des possibles d'hier aujourd'hui et demain.

Au cœur du flou qui caractérise la littérature, contre toute attente, cette dernière est créatrice de net dans la réalité. Mieux, la littérature, malgré tout le flou qu'elle véhicule, grâce au flou, invente, non, instaure une nouvelle réalité, crée un possible parce que l'auteur comme le lecteur sont, en littérature, en constant déplacement. En construction et réinvention de l'identité, une identité flottante au gré de la mobilité dans l'espace : changement de lieux, répétition des lieux, créations des lieux ; et en mouvement dans le temps, dans la condensation des trois dimensions du temps en un instant, dans l'actualisation du présent. À peine la réalité devient nette qu'elle se dissout ; et nous répétons l'opération à l'infini, sans fin, et possiblement sans début.

**Caroline Blanvillain**

---

[119]. Henri Bergson, *La pensée et le mouvant. Essais et conférences, op. cit.,* p. 124.

**Chapitre 3**

# Le rêve, la littérature & le flou
## *Le rêve dans le pavillon rouge*

> *Des propos insensés comblant des fascicules !*
> *Des pleurs amers, souvent, plein le creux de la main !*
> *Chacun de s'écrier : « L'auteur est ridicule ! »*
> *Mais qui saura goûter le suc qu'il dissimule ?*
> Cao Xueqin[120]

## Invisible, visible & flou

Le flou dans le monde de l'art est bien exprimé ; cependant qu'est-ce que le flou dans la littérature ?

Dans la littérature, dans le langage et dans l'écriture, nous partons toujours du visible, du plein : les mots, les phrases, les textes qui produisent des images pleines d'interprétations. Mais quelle est la bonne interprétation ? Toutes sont-elles possibles ? Tout dépend de ce qui existe au-delà du langage et de l'écriture, en fait de ce que l'on ne voit pas, du vide, de l'invisible. C'est ce qui paraît ne pas exister entre deux lignes, entre deux mots ou entre deux phrases, qui devient important.

---

[120] Cao Xueqin (1981), *Le rêve dans le pavillon rouge (Hong lou meng)*, Paris, Gallimard, Bibliothèque de La Pléiade, 2008, p. 13.

Mais qu'est-ce que l'invisible ? On pourrait répondre tout simplement : notre mémoire. Il s'agit d'une immense bibliothèque où se trouve ordonné le savoir de chacun. Des réseaux immenses allant d'un objet à un autre. Elle est particulière à chaque individu et à chaque culture. Le visible nous ramène à ce savoir que nous possédons dans notre mémoire, et alors, les interprétations interviennent pour faire de notre visible un univers compréhensible. Mais c'est aussi le monde de l'image et donc celui de l'interprétation : de l'imaginaire.

En définitive, c'est le flou qui permet la compréhension du visible, de réduire les diverses interprétations. Il deviendrait donc cette frontière qui nous permet de passer de l'invisible au visible et inversement. Il s'agit d'un filtre qui nous autorise de passer de l'inconscient au conscient, de l'irrationnel au rationnel. C'est le monde d'une logique produit par une culture et notre ego.

De notre mémoire, nous ne savons rien, mais sans elle, sans l'invisible, nous n'aurions aucune possibilité d'accéder à la visibilité. Ce sont nos codes qui s'y trouvent préservés et qui dévoilent des imaginaires au moment de l'action, dans un jeu continu à travers le contraste et la suggestion.

Le flou unit donc la mémoire, comme invisibilité, à l'image qui n'est, en fin de compte, que le visible. C'est, en définitive, cette trinomie qui représente une unité, et chacun de ces éléments ne peut se présenter qu'en fonction des deux autres.

Dans « Le flou comme paradigme du net[121] », Pascal Martin écrit :

> Le contraste dans son acception plus large est une notion fondamentale à prendre en compte pour prouver, s'il en était besoin, que la notion de frontière qui nous intéresse ici peut facilement vaciller dès que l'on change un des paramètres. C'est en effet, une des composantes fondamentales de la netteté.[122]

---

[121] Pascal Martin & François Soulages, « Le flou comme paradigme du net », in *Les frontières du flou*, Paris, L'Harmattan, Coll. *Eidos*, 2013, ch. 1, p. 15.
[122] *Ibidem*. p. 2.

Selon la perspective triadique que j'expose, je dirais même, en modifiant le titre que présente Pascal Martin, que « Le flou est un paradigme du net (visible) à travers la mémoire (l'invisible). » Pour ce qui suit, il pose le problème du contraste que l'on retrouve aussi bien dans la photographie que dans la peinture, c'est-à-dire dans l'image qui est, en vérité, le produit de la forme, de l'ombre et de la lumière : le visible produit le contraste. Mais l'image, c'est aussi ce qui ne se voit pas, ce qui est suggéré, permettant ainsi l'interprétation. L'image serait donc l'élément frontière entre la suggestion (l'invisible) et le contraste (le visible)[123]. Et Martin d'ajouter :

> Cependant, l'ombre renferme souvent des éléments identifiables, nécessaires à la compréhension de l'image. L'ombre a sa part de lumière et le flou sa part de netteté.[124]

Ce qui est dit est vrai, mais en fonction de la forme qui est frontière entre l'ombre (l'invisible) et la lumière (le visible). On revient donc à un même principe, la forme, l'image et le flou ne sont que l'union du visible et de l'invisible.

En revenant à la littérature, ce qui est visible ce n'est que l'écriture, c'est-à-dire l'image qui est représentée par le visible des formes phonétiques et l'invisible produit par le vide entre les lettres, les mots et les phrases. Et c'est cet invisible qui nous est suggéré par la mémoire même, c'est-à-dire par ses réseaux multiples codifiés et classifiés.

Le visible, c'est le monde du contraste, du jeu où chaque élément dépend de tous les autres. Mais il ne peut exister sans l'invisible qui crée l'univers de la suggestion à travers l'image du visible. En somme, on ne peut lire que si l'on réinterprète constamment le visible dans le texte. Le visible ne peut être visible qu'en fonction de l'invisible comme moteur de la pensée, selon la frontière du flou qui opère comme garant de la cohérence de l'ensemble triadique.

Je prendrai comme exemple le roman *Le rêve du pavillon rouge*, roman chinois du XVIIIème siècle de Cao Xueqin - livre magnifique, universel, comme peuvent l'être ceux de Rabelais

---

[123] *Ibidem*, p. 28.
[124] *Idem*.

*Pantagruel* et *Gargantua* ou celui de Cervantes *Don Quichotte de la Manche*. La réalité et l'irréel nous permettent de rentrer dans des mondes fantastiques où la fiction n'est que l'émanation de ce couple réalité/irréel. En fait, la fiction, c'est le flou.

Les personnages, comme Baoyu (un idiot ou, qui sait ?) dans le roman chinois, Don Quichotte (un fou ou, qui sait ?) et Pantagruel et Gargantua (deux bons vivants ou, qui sait ?), vont nous introduire dans chaque époque et nous permettront d'imaginer ce qu'il y a au-delà, dans le monde des interdits de chacune de ces époques.

Les cultures peuvent être bien différentes, mais l'être humain reste le même à travers les âges et les coutumes. On retrouve à travers des codes divers bien des éléments humains que l'on pourrait rapprocher. Le visible des images nous montre des mondes multiples, mais l'invisible de la mémoire nous suggère l'humanité, et tout cela à travers le flou qui nous permet, comme toute frontière, de passer d'un côté à l'autre.

## La traduction

Le roman que l'on présente ici est une traduction du chinois réalisé par Li Tche-houa et Jacqueline Alézaïs. On se trouve donc dans un premier univers du flou. En fait, la traduction, c'est la frontière même du flou, car elle fait passer une écriture dans une autre écriture, et un langage dans un autre langage. Les sons qui produisent des images vont donc être déformés dans le monde du visible. Ce que le lecteur lira n'est point l'œuvre originale. Mais peut-on dire que le lecteur chinois (japonais, coréen, vietnamien…) lira les mêmes choses que ceux du XVIII$^{\text{ème}}$ siècle ? Là aussi, les sons ne sont plus les mêmes. Bien entendu, ils se trouvent, peut-être, face à la même écriture syllabique. Ils ont donc un avantage sur ceux qui n'ont point la même écriture.

Il est certain que le lecteur français ne possède pas les mêmes codes culturels que ceux du chinois. Tout cela dépendra donc de la mémoire, c'est-à-dire du lieu qui emmagasine la connaissance et le savoir. La traduction nous permettant donc, à travers les notes, de comprendre un univers, et, finalement, le lecteur chinois et le lecteur français (ou dans quelque langue que ce soit) pourraient arriver à la même compréhension selon de multiples interprétations enrichissantes. C'est donc le flou qui permet la compréhension en unissant la mémoire invisible à l'écriture du visible.

Souvent, si ce n'est toujours, les notes, l'introduction et toutes les autres informations que l'on donne au lecteur renforcent cette mémoire invisible en traversant le flou vers le visible. Le roman que l'on nous offre ici contient de nombreuses informations utiles à l'intelligibilité du texte, donc du visible.

*Langue & écriture chinoises*

La traduction comme reflet du flou nous présente l'écriture comme interprète de la langue comme son. L'écriture chinoise est formée d'éléments (traits) qui composent un carré imaginaire représentant des syllabes, alors que notre écriture phonétique repose sur des points formant des lignes.

Alors que le phonème est un élément simple, la syllabe est déjà un espace composé. Le phonème, de plus, formalise le son et la syllabe l'image. Si le phonème doit créer une image à travers d'autres phonèmes, dans l'écriture chinoise on va directement à l'image, donc vers un ensemble interprétant, bien plus riche et plus puissant que pour l'écriture phonétique.

La traduction nous offre un univers de flou à travers l'écriture phonétique en voulant représenter le monde syllabique. Si, de plus, l'univers syllabique produit de nombreux homophones (éléments de flou), l'écriture idéographique produira de nombreux contrastes d'images.

Il est vrai que celui qui lit une traduction n'a pas à connaître la langue traduite, et donc c'est à travers du flou que la netteté se produit, en fonction du vide interprété, et que l'on peut se former selon les notes et autres informations qui deviennent indispensables à la compréhension du texte dans son ensemble.

*La culture*

Un nouveau flou apparaît en fonction de la culture. Nous interprétons les diverses cultures en fonction de la nôtre.

Bien sûr, chaque culture individuelle emmagasine des codes interprétatifs qui nous permettent de passer d'une culture à l'autre. Et là, de nouveau, le flou crée la relation entre une culture et une autre. La première, celle du lecteur, est en position de mémoire (invisibilité) et la seconde, en écriture (visibilité).

Si nous disons que notre culture « occidentale » est celle du « logos » qui représente le monde théorique de la connaissance, celle de la Chine, du Japon, de la Corée et du Vietnam serait celle du « Dao », du chemin qui se poursuit dans un processus continuel. De plus, dans la culture du « Dao », on peut trouver la culture du « Karman » venant de l'Inde à travers une interprétation particulière du bouddhisme, le zen ou *chan*.

La culture du « Dao » est représentée par les trois « sagesses » qui englobent toutes les autres : le confucianisme (le monde politique et social) ; le daoïsme ou taoïsme (le monde de la non-action « wu wei »), à ne pas confondre avec le « Dao » qui les représente toutes ; le bouddhisme *chan* (*zen*) qui englobe toutes les autres formes (le monde de l'illusion).

La culture du « logos » représente le monde égyptien ancien (plusieurs dieux…) ; celle de la philosophie grecque (le monde des dieux de l'Olympe, de l'argumentation…) ; celle de la pensée chrétienne (un seul dieu) et celle de la pensée hébraïque et islamique (un seul dieu). Il s'agit de même de racines méditerranéennes.

## Le roman

Nous voilà dans le monde féminin, un univers intérieur interdit. La culture chinoise structure la société en un binôme intérieur et extérieur. L'intérieur est fermé, c'est le silence, un univers limité. L'extérieur est ouvert, c'est le monde de l'homme.

Dans le roman, le monde de la femme sort de ses limites, enfin on peut nous montrer l'interdit. Comment cela a-t-il pu se faire ? Et ce, lorsque l'on pense à une culture rituelle qui ne permet point l'accès de l'homme dans le monde de la femme. C'est donc le flou qui nous permettra ce passage de l'extérieur à l'intérieur.

*Premier flou : l'échec*
L'auteur est un homme, mais il dit lui-même :

> Demeurant à présent en proie aux vents et poussières de ce bas monde, sans avoir, en rien, réussi à rien, me revient brusquement le souvenir de toutes les filles ou jeunes femmes dont j'étais naguère entouré ; et je découvre, en les comparant consciencieusement les unes aux autres et à moi-même, que par leurs comportements et leur discernement, elles m'étaient toutes supérieures.

Et d'ajouter :

> Comment, moi, tout fier que je puisse être de ma prestance virile, de l'épaisseur de ma barbe et de mes sourcils, ne valais-je réellement pas ces porteuses de jupes et d'épingles à chignon ? Mais si vifs, en vérité, que soient ma honte et mes remords, d'ailleurs inutiles, que puis-je là contre, à présent ?

Et de poursuivre :

> Ainsi, ce ne sont ni mes solives de jonc, ni mes lucarnes embroussaillées, ni mon grabat de cordes tressées, ni mon foyer de tuiles, ni surtout les matins de brise, les soirs de clair de lune, les saules qui bordent mon perron, les fileurs qui s'épanouissent dans ma cour, qui peuvent empêcher mon pinceau imbibé d'encre d'exprimer les sentiments que, sous les revers de ma robe, je nourris dans mon sein.[125]

On se trouve donc face à un Raté. Toute sa vie n'est qu'un échec. Face à une société patriarcale, il se pose comme inférieur aux femmes, lui, un mâle :

> Manquant d'étude et de savoir, il m'arrive assurément d'abaisser mon pinceau sur le papier, sans que s'y forment de belles phrases littéraires ; mais alors, qui m'interdit d'user d'une histoire ? D'une part, elle pourra donner du lustre aux Belles du gynécée et les faire passer à la postérité ; de l'autre, elle pourra réjouir les yeux des hommes de ce temps et tromper leur ennui.[126]

---

[125] Cao Xueqin, *op. cit.*, p. 4.
[126] *Idem.*

Le fait de se montrer comme un inutile, sans connaissance, renforce l'accès à un univers interdit, inconnu ; de même que la folie de Don Quichotte permet la représentation courageuse d'un certain monde en décadence, ainsi que les personnages clownesques, comme peuvent l'être, Pantagruel et Gargantua, nous montrent, de nouveau, une humanité restreinte.

Combien de trucages littéraires flous faut-il pour exprimer un monde qui nous est interdit ?

Le roman que l'on présente est peut-être un des tout premiers romans féministes de tous les temps. La description du visible de ces dames nous suggère un univers de femmes intelligentes, pleines de connaissances et de savoir. Le flou des femmes devient visible et le tour est joué. Enfin, il ne nous reste plus qu'à profiter de la beauté, de la sagesse et des désirs de ces jeunes femmes et des moins jeunes. Le flou de l'échec de l'auteur nous a permis d'utiliser l'illusion pour en arriver au plaisir de découvrir ce que l'on n'aurait jamais pu voir et comprendre : la visibilité féminine face à une structure masculine.

*Deuxième flou : le rêve*

Le flou, à travers le rêve, se fait visible. Dans la culture chinoise, le rêve est important, se situant à l'opposé de la réalité et en formant avec celle-ci une unité de contraires. Ici aussi, le flou devient frontière, car la limite n'est point claire. Où commence la réalité et où finit le flou - et l'inverse ? On retrouve ce sujet dans le philosophe taoïste Zhuang Zi (IV$^{ème}$ siècle avant J.-C.) :

> Certains rêvent de festins, et pleurent au réveil ; d'autres pleurent dans leurs rêves, et à l'aurore partent à la chasse. Or, les uns et les autres, pendant leurs rêves, ne savent pas qu'ils rêvent, et parfois rêvent qu'ils sont en train de rêver. Ce n'est qu'au moment de leur réveil qu'ils savent qu'ils rêvent. Ce n'est que lors du grand réveil qu'on sait que tout n'a été qu'un grand rêve.

Et de poursuivre :

> La foule ignorante se croit éveillée en distinguant le prince d'un berger. Quel préjugé ! « K'ong-tseu et toi-même, vous n'êtes que

des rêves. Je te dis que tu rêves, cela aussi est un rêve. » Ces paroles sont extraordinaires et paradoxales. Dans la suite des siècles, un grand sage les comprendra un jour. Ce jour viendra aussi vite que le temps passe du matin au soir.[127]

Le rêve, l'illusion et le songe sont des thèmes que l'on retrouve chez de nombreux écrivains, par exemple dans *La vie est un songe* de Calderón de la Barca…

Cette imprécision des limites du rêve et de la réalité, nous la retrouvons de nouveau dans le sommeil et le réveil du penseur Zhuang zi :

> Jadis, Tchouang Tcheou rêva qu'il était un papillon voltigeant et satisfait de son sort et ignorant qu'il était Tcheou lui-même. Brusquement, il s'éveilla et s'aperçut avec étonnement qu'il était Tcheou. Il ne sut plus si c'était Tcheou rêvant qu'il était un papillon, ou un papillon rêvant qu'il était Tcheou. Entre lui et le papillon, il y avait une différence. C'est là ce qu'on appelle le changement des êtres.[128]

Chez les chamans, le rêve est un voyage de l'autre côté de notre monde réel, pour entrer dans l'inconscient de notre ego. On le retrouve sans cesse dans le roman que l'on illustre. C'est le monde des immortels dont l'île la plus célèbre est celle de Penglai.

Dans l'histoire qui nous est donnée, un roc et deux moines immortels, l'un taoïste et l'autre bouddhiste, nous feront entrer dans le monde humain représenté par une famille aisée. Plus tard, deux autres moines taoïste et bouddhiste découvriront le texte inscrit sur le roc :

> Qui sait combien de siècles et de kalpas s'étaient depuis lors écoulés, lorsqu'un moine taoïste, en religion, nommée Vanité des Vanités, qui était en quête de la Voie et à la recherche des immortels, vint à passer par le Pic aux Crêtes vertes. Il aperçut soudain un énorme Roc sur lequel apparaissaient distinctement des caractères formant un récit cohérent qu'il déchiffra d'un bout à l'autre.

Et de poursuivre :

---

[127] *Philosophes taoïstes. Lao-tseu, Tchouang-tseu* (1980), Lie-tseu, Paris, Gallimard, Bibliothèque de La Pléiade, p. 102.
[128] *Ibidem*, p. 104.

C'était, en fait, le bloc de rocher jadis jugé inapte à combler la brèche de la voûte céleste et, sous forme illusoire, introduit dans la rubescence du bas monde de poussière par le Bodhisattva Immensité de l'Immense et par l'Homme immortalisé Vague du Vague. Sur le Roc étaient relatés le lieu de la chute, celui de l'incarnation, et tout le menu détail de la vie familiale, ainsi que les loisirs du gynécée.

Et d'ouvrir sur :

Poèmes, chansons, énigmes, rien n'y manquait. Seuls n'étaient pas indiqués le titre et les dates de la dynastie régnante. A la fin se lisait cette *gâthe* :

*Inapte à te combler, vaste voûte azurée,*
*J'ai, parmi les humains, perdu trop de durée.*
*Mes destins successifs se peuvent lire ici ;*
*Et charger d'en répandre un merveilleux récit ?*

C'est donc le rêve qui nous permet de connaître cette histoire ; et l'auteur nous laisse divaguer dans l'univers des immortels et dans la raison d'un roc. De nouveau, tout est indécis, vaporeux, ni le lieu ni le temps ne sont exprimés, quoique le lecteur puisse parfaitement les deviner. L'énigme apparaît pour nous suggérer un voyage singulier dans le monde des humains.

*Troisième flou : la poésie*
Nous avons parlé d'énigme que l'on retrouve dans la nature même de la poésie. On joue sur les contraires, et si le rêve est opposé au réel, le faux est opposé au vrai. Mais qu'est-ce qui est vrai et faux ?

Quand on tient le faux pour vrai, le vrai à son tour est faux.
Si du néant on fait l'être, l'être est encore du néant.[129]

La poésie est aussi le monde de l'oracle. Il nous faut deviner le destin de tous les personnages que l'on nous présente. L'auteur, à travers le personnage principal, Baoyu, nous fera voyager dans le monde des femmes immortelles qui gardent précieusement la vie et la destinée des personnages. La poésie devient donc dans tout le texte le

---

[129] Chapitre 1, p. 18.

flou afin de reconstruire des vies prédestinées. Tout est dans les vides que la langue utilise pour découvrir les pistes que l'on nous donne.

Au chapitre 5, toute l'histoire est relatée dans la poésie, mais on est loin de comprendre de quoi il s'agit. Tout est indéfini et l'invisibilité nous invite à la visibilité du roman dont le flou nous ouvrira ses portes à travers bien des chapitres :

> En ciel serein pleine lune ? Bien rare fortune ;
> Beaux nuages diaprés ? Bientôt dissipés.
> Vœux du cœur plus hauts que le haut des cieux,
> Mais personne vile en état servile.
> Finesse d'esprit, chair voluptueuse : beaucoup d'envieuses.
> Du fait surtout de médisances, meurt en adolescence,
> Qu'un jeune seigneur au trop tendre cœur, en vain la regrette ![130]

Qui est donc le personnage - ou les personnages - que l'on nous découvre ? Qu'importe, puisque le récit du visible nous en rendra compte.

*Quatrième flou : les personnages*
C'est au travers des personnages que le roman se construit. Mais ceux-ci, selon les caractères chinois, peuvent avoir plusieurs interprétations. Ici, l'homophonie joue un rôle essentiel dans le flou du récit. Un individu n'est pas seulement un nom, mais aussi une destinée, un contenu qui peut nous montrer son principal tempérament, sa vraie nature.

Le personnage principal est, comme nous l'avons dit plus haut, Jia Baoyu - Jia étant le nom de famille et Baoyu le prénom qui signifie *Jade magique*. Nous voilà donc devant un personnage qui peut ne point être réel, ce qui, peut-être, lui permet de s'introduire dans le monde des femmes en tant qu'homme. On le présente comme un idiot et qui n'a point une bonne relation avec son père. Mais, est-il vraiment idiot ? Voilà donc un nouveau flou qui apparaît selon une représentation magique et clownesque. De plus, est-il homosexuel ou pas ? Il aime les femmes et, bêtement, a

---

[130] *Ibidem*, p. 119.

d'excellentes relations sexuelles. Encore une indéfinition du personnage. On se trouve devant un héros qui ne l'est pas et cependant nous introduit dans des vicissitudes nombreuses d'où il échappe miraculeusement. Il tombe amoureux de Lin Daiyu qui veut dire *Lin Jade Sombre* et en donne une destinée dramatique. Cependant, Xue Baochai, *Xue Merveilleuse Epingle de Coiffure*, est dans le silence, derrière le tableau. Elle est folle amoureuse de Baoyu. Quelle sera sa destinée ? Elle se trouve partout et nulle part.

Prenons un second personnage, Jia Yucun qui veut dire deux choses : *Jia Village Sous Pluie* et *Essor Opportun* - il atteindra les plus hauts postes. Sa destinée est donc marquée, et chaque lecteur découvrira le tempérament réel d'un sujet que l'on retrouve dans bien des sociétés.

Nous allons nous arrêter un petit moment sur un troisième personnage, Wang Xifeng, *Wang Phénix triomphal*. Cette jeune dame est vraiment la maîtresse de toute la maison. Elle décide, donne des ordres et organise le monde familial d'une façon autoritaire. Elle se repentira de sa destinée triomphale. Qui sait ?

Il y a aussi un autre élément de flou qui intervient sur les personnages : la santé, la maladie comme tragédie en fonction des actes de la conduite humaine. Baoyu en souffrira et d'autres pourraient bien en mourir. En vérité, c'est tout un monde psychologique qui se dégage ; et le plaisir et la souffrance apparaissent avec toute leur fascination.

### *Cinquième flou : le suspens*

Le roman est construit au travers de 120 chapitres, et chacun d'entre eux se termine en un poème qui devient un suspens. Qu'arrivera-t-il dans le prochain récit ?

> Qui voudra savoir quel malheur lui arrivait n'a qu'à prêter l'oreille aux explications du prochain récit.[131]
> Qui voudra savoir de qui il s'agissait n'a qu'à prêter l'oreille aux explications du prochain récit.[132]

---

[131] Chapitre 1, p. 33.
[132] Chapitre 2, p. 54.

Le lecteur se trouve toujours à la merci du suspens. On a l'impression que bientôt le chapitre finira comme il se doit, puis quelque chose de nouveau apparaît dans un flou qui demande une clarté, et nous voilà de nouveau à poursuivre un récit qui nous enchaîne.

Combien de richesses renferme ce roman ? Le monde du flou est un univers bien intéressant. Peut-on dire que tous les bons romans sont bâtis sur le modèle qui a été exposé dans ce texte ? On retrouve partout le monde des frontières imaginaires. Le visible, finalement, n'est pas aussi visible que l'on croit, et l'invisible porte en soi un univers infini de codifications. Le flou n'est donc que la conséquence de l'invisibilité et de la visibilité. Nous avons donc besoin de la frontière du flou pour comprendre un texte dans son ensemble. L'utilité du flou est manifeste à travers les arguments proposés. Il ne nous reste plus qu'à laisser le lecteur divaguer. Quel plaisir de voyager dans le rêve, le songe et traverser la frontière de l'illusion pour visualiser un monde extraordinaire. J'ai fait ce voyage dans *Le rêve du pavillon rouge*, et je laisse les derniers mots à Cao Xueqin, l'auteur de cet ouvrage magnifique et universel tout en traversant les frontières floues de bien des cultures :

> L'auteur lui-même déclare qu'ayant personnellement longtemps vécu les illusions d'un songe, mais résolu d'en voiler d'ombre les péripéties authentiques, il fait emprunt d'une fable d'Abraxas de Jade, dit des communications transcendantes, pour entreprendre la relation de ces *Mémoires d'un Rocs*.

Il peut alors conclure :

> Aussi, d'entrée, est-il question d'un personnage dont le nom se compose de trois caractères d'écriture, indiquant le patronyme *Zhen* et le nom social *Ombrage de Clerc*, mais qui se prononcent exactement de même que trois autres caractères signifiant : « véritables faits dissimulés ». Quels sont donc les faits rapportés dans ces récits, et quels en sont les personnages ?

**Pedro San Ginés Aguilar**

**Chapitre 4**

# Du mouvement flou à l'amour fou
### André Breton

De multiples seuils séparent le flou du net. Nous prendrons, comme exemple, deux œuvres visuelles, afin d'explorer différents effets de sens de l'image floue. Puis nous examinerons de quelle manière les pratiques textuelles expérimentées pendant le moment pré-surréaliste, que les poètes rassemblés autour d'André Breton ont appelé « le mouvement flou », pourraient relever d'une poétique du flou.

En 2009, lors de la biennale de Venise, Krzysztof Wodickzo expose, dans le pavillon de la Pologne, *Guests,* une installation de grands écrans animés en forme de fenêtre lumineuse, à travers lesquels le spectateur devine des silhouettes humaines qui s'activent, s'approchent ou s'éloignent de la pellicule qui semble nous séparer d'eux. Les personnages touchent parfois cet écran ; leur présence est alors presque tactile. Ou bien ils s'éloignent, et ce sont alors des ombres de plus en plus imprécises. La gestuelle de ces silhouettes répond à une logique de vie pratique, à une série d'actions dans le quotidien : laveurs de vitres, ouvriers en bâtiment... L'artiste a construit des tableaux vivants en hommage aux travailleurs clandestins qui nous côtoient, mais que nous ne savons pas voir. Le flou éloigne ces silhouettes vivantes qui restent sans identité, uniformisées dans la lumière vive et bleue. Il met en lumière des événements silencieux que nous scotomisons totalement ou partiellement.

Au Centre Pompidou, une série de grandes photographies de Rabih Mroué, artiste libanais, a été exposée. Des images floues laissent deviner de vagues silhouettes humaines, que l'on finit par identifier comme des soldats en arme. Elles ont été créées à partir de vidéos réalisées par des opposants syriens, avec leurs téléphones portables, au moment où des soldats syriens les mettent en joue et les tuent. Diffusées sur internet, ces vidéos permettent à l'artiste d'agrandir des détails de ces images à basse résolution et d'obtenir des images spectrales. Rabih Mroué remonte jusqu'au tueur enregistré par l'objectif du smartphone et tente un acte d'identification, mais ne restitue qu'une ombre menaçante. Cette démarche s'apparente à la recherche de la trace d'un crime dans le film d'Antonioni *Blow up*.

Une rhétorique du flou, si elle existe, laisserait apparaître, tout en l'éloignant, ce qu'on pourrait appeler « un objet perdu ». Parfois distance volontaire pour signifier un écart avec le sujet, une imparfaite saisie ; parfois perte dramatique. Le flou livre une image incomplète, privée de sa singularité, de son acuité, mais non pas de sa réalité sous-jacente, qui reste mystérieusement présente et inaccessible. Les photographies floues restent indicielles et sont marquées par un manque, une perte, une incertitude, un possible. L'incomplétude du donné laisse entrevoir quelque chose que l'on nous retire. Cette réalité est appelée à se dévoiler, à être élucidée, précisée, dans les registres de la perception, de l'identification, de la signification.

A Paris, le moment dadaïste fut le lieu d'un conflit permanent entre Tristan Tzara et André Breton. Les objectifs de subversion permanente du poète dadaïste ne correspondaient plus aux recherches qu'André Breton avait initiées dans *Les champs magnétiques* avec Philippe Soupault, en 1919. Dans son texte « Après Dada », Breton écrit :

> Pour moi, je n'aspire jamais à me distraire. Il me semble que l'homologation d'une série d'actes « dada » les plus futiles est en train

de compromettre, de façon grave, une des tentatives d'affranchissement auxquelles je demeure le plus attaché[133].

Breton et ses amis traversent alors une période dans laquelle les futurs surréalistes développent « un état d'esprit absolument nouveau que nous nous plaisions à nommer le mouvement flou[134] ». Les acteurs du mouvement flou ont-ils produit, dans cette courte période qui va de 1922 à 1924, une écriture du flou, une écriture floue ? Quelles en seraient les caractéristiques ? Pourrait-on distinguer différents degrés dans le flou ; comment passer les frontières entre ces niveaux de flou ; et qu'est-ce qu'une écriture du net ? Enfin nous ferons quelques remarques sur le cheminement que construit Breton dans son roman *L'amour fou*, comme processus qui conduit le lecteur dans un parcours qui va du flou au net, comme élucidation progressive des objets d'une recherche.

L'histoire de ce moment particulier de gestation et d'expérimentation, aux limites humaines, est restituée par André Breton lui-même dans son texte « L'entrée des médiums », qui fait partie de son livre *Les Pas perdus* publié en 1924. Ce livre est composé de textes publiés dans la revue *Littérature* qu'il dirigeait. Sarane Alexandrian et Marguerite Bonnet ont apporté des contributions importantes à l'étude de cette période. Nous en rappelons quelques points.

Le Congrès de Paris, « Congrès international pour la détermination des directives et la défense de l'esprit moderne », que Breton voulait organiser avec Delaunay, Léger, Ozenfant, Paulhan, Vitrac, et avec toutes les forces modernes de l'après-guerre, devait se tenir en mars 1922. L'échec de ce congrès a pour cause l'opposition entre Breton et Tzara. Le premier proposa au second d'entrer dans le comité d'organisation, puis, devant son refus, publia un article hostile envers le poète de nationalité suisse.

---

[133] « Après Dada », *in Les Pas perdus, in Œuvres complètes 1*, Paris, Gallimard, Bibliothèque de la Pléiade, 1984, pp. 259-261.
[134] Louis Aragon, *Le libertinage*, Paris, Gallimard, 1924, cité par Sarane Alexandrian, in *Le Surréalisme et le rêve*, Paris, Gallimard, 1974, p. 107.

Dans son texte « Après Dada », Breton règle ses comptes avec Tzara. Il aspire à une activité de concentration et de vide, dégagée du bruit dadaïste. Si Dada s'enferme dans la reproduction stérile de comportements inefficaces, il faut s'en détacher : « Lâchez Dada et partez sur les routes.[135] » La littérature doit être pratiquée avec mépris, car ce qui compte avant tout c'est « l'inacceptable condition ». Et seuls la littérature et l'art sont à même de relever le défi de la vie[136].

« L'entrée des médiums[137] » relate les expériences qui vont engager le groupe dans le surréalisme. La période dite « des sommeils » s'achève le 15 octobre 1924 avec la publication du *Manifeste du surréalisme* et du texte automatique *Poisson soluble* en 1924. « L'entrée des médiums » met en scène un moment déterminant de la découverte de phénomènes semi-conscients ou inconscients, de rêves provoqués par des mises en situation de type médiumnique. Dans un premier temps, dès 1919, Breton avait été saisi par des phrases partielles ou complètes qui « deviennent perceptibles » à l'approche du sommeil[138]. Ces phrases, correctes du point de vue de la syntaxe, étaient porteuses d'un impact poétique qui retint l'attention de Breton. Il les note dans un premier temps, puis, avec Philippe Soupault, il tente de les reproduire en recréant les conditions dans lesquelles elles apparaissent. Ces phrases furent collectées avec des systèmes d'abréviations tant elles apparaissaient rapidement. C'est ainsi que furent composés *Les champs magnétiques*, première application de la découverte de ces phrases virtuelles qui peuvent survenir à la conscience. Chaque chapitre du livre est défini par la journée d'écriture, et leur différence ne relève que de la vitesse à laquelle ils ont été écrits. Dans ces expériences, Breton y voit « un murmure qui se suffit à lui-même[139] ».

> Rien ne vaut hors de l'obéissance à cette dictée magique, ce serait une forme de pensée universelle, dont certains savent recueillir

---

[135] « Après Dada », *op. cit.*, publié le 1 avril 1922, dans *Littérature*.
[136] « Clairement », in *Les Pas perdus*, in *Œuvres complètes, ibid.*, pp. 264-266.
[137] In *Les Pas perdus, ibid.*, pp. p. 273-279.
[138] *Ibid.*, p. 274.
[139] *Ibid.*, p. 275.

quelques paroles sans en saisir nécessairement le sens. Cette aptitude à saisir à plusieurs reprises ces mots surgis de l'ombre, demande une aptitude complexe car ce surgissement se fait toujours de manière différente et inattendue[140].

Techniquement, l'automatisme vise à déclencher des états hallucinatoires par un usage expérimental de la vitesse. Il comprend une phrase-déclic qui annonce que la « source » est prête à jaillir, une phrase propulsive qui lance tout un discours, des « bouillons » qui sont des remous verbaux, des creux dans l'intensité du potentiel créateur, des « moyens de forcer l'inspiration », et de relancer l'esprit d'invention[141].

Une dictée magique semblable aux messages captés dans les pratiques du spiritisme conserve une syntaxe grammaticalement correcte sans que les significations soient claires. Les dispositifs du spiritisme sont utilisés sans que jamais les surréalistes n'aient adhéré à l'hypothèse d'un contact avec les morts.

Dans *Les Pas perdus,* Breton développe son sens clinique de la description et il expose ses prises de parti. Rien ne relève du flou dans ces textes, et ces mises au point seront formalisées dans *Le manifeste du surréalisme.* Breton s'intéresse également aux récits de rêves qui paraissent dans la nouvelle série de *Littérature* en mars 1922. Mais cette pratique, qu'il poursuit toute sa vie, demande l'exercice de la mémoire et court le risque de sa défaillance.

Vient alors l'événement décisif de la découverte des sommeils hypnotiques, que René Crevel apporte aux amis de Breton ; ces sommeils sont expérimentés grâce au dispositif spirite. Quelques personnes sont assises autour d'une table, faisant une chaîne avec leurs mains. Le 25 septembre, Crevel s'endort et se met à parler, puis c'est le tour de Robert Desnos

---

[140] *Ibid.,* p. 275.
[141] *Le surréalisme et le rêve, op. cit.* Le titre du premier texte automatique expérimental, *Les Champs magnétiques,* fait référence aux investigations de la science en matière d'électromagnétisme. Le premier titre envisagé par Breton, *Les précipités,* évoquait les phénomènes chimiques. Ce titre est abandonné parce qu'il impliquait encore trop la matière, Il évoque pourtant plus nettement le fond de l'expérience, la *précipitation.*

qui griffonne sur un papier et se laisse interroger par ses compagnons. Cette émergence collective remet en avant le discours inconscient, sa richesse fluide et dynamique, découverte avec *Les champs magnétiques*. Les dialogues sont alors enregistrés par notation :

> Avec Robert Desnos : / Jeudi 28 septembre (…) /Dessin d'un œil. Une flèche désigne le centre de l'iris. /Même dessin sur la feuille suivante. /Je (Breton) pose ma main. On lui dit que c'est moi. /Réponse : - *Le volubilis et je sais l'hypoténuse*. /Main de Fraenkel /R- Un ventre ouvert et un œuf DEDANS. /Main de Klein. /Q- Qu'as-tu à lui dire ? /R- *Qu'il fasse attention à son œil droit et à la femme en deuil rouge*. /Spont. Où est Toussaint-Louverture ? /Main d'Ernst

D'où la question :

> Q- Qui est Ernst ? /R- Le rail synonyme d'empereur et la flûte au son si doux si doux si doux si doux. /Q- Qui est-ce qui écrit ? /R- C'est Toussaint-Louverture[142].

Contrairement au langage poétique futuriste, au motlibrisme ou à la langue zoum' des futuristes russes, le discours de Desnos reste cohérent dans sa structure, mais mystérieux et pourvu de qualités imagées et poétiques. Pouvons-nous qualifier ces dialogues de littérature du flou, d'un passage à travers les frontières du flou ? Une vérité y semble cachée ; les images se rapportent aux questionneurs en personne dont elle fait une sorte de portrait. Que ce soit Desnos, Crevel, ou Péret, les trois dormeurs se livrent à des transes auto-hypnotiques qui accélèrent leur potentiel créatif et imaginaire. Desnos, devenu le héros de ces sommeils, énonce des poèmes aphoristiques dans la veine de ceux de Marcel Duchamp et prétend être en contact mental avec l'artiste résidant à New York. Ces 150 poèmes rassemblés dans le recueil *Rose Scélavy* ont le même impact troublant que ceux de Marcel Duchamp.

---

[142] *Ibid.*, p. 113.

1 Dans un temple en stuc de pomme le pasteur distillait le suc des psaumes. /7 O mon crâne, étoile de nacre qui s'étiole./ 13 Rrose Sélavy connaît bien le marchand de sel. /26 Est-ce que la caresse des putains excuse la paresse des culs teints ?[143]

Aphorismes, contrepèteries, homonymies et inversions syntaxiques mettent à bas la logique de la phrase par déplacement et inversion. Non pas découpe interne des mots futuristes, mais mise en branle de la puissance des mots qui, matériau libre, deviennent conducteurs d'énergies profondes. Desnos est le personnage central de cette période qui s'achève à la fin de l'année 1924, date à laquelle Breton met fin aux sommeils, ce que Desnos vit comme un acte de décès personnel. La matérialité des mots, leur sonorité, c'est cela que met en évidence Breton dans « Les mots sans rides[144] ». Cette préoccupation pour la sonorité des vocables prend sa source dans le poème « Voyelles » de Rimbaud. Le mot a un sens propre et un sens figuré. Des mélanges de sens produisent des variations internes. Cette matière des mots qui circule est exemplaire dans *Rrose Sélavy* de Robert Desnos, lequel est bien incapable de refaire, éveillé, ce type de poème. Ces jeux de mots, ce sont « les mots (qui) font l'amour[145] ».

Si l'on en croit Breton, *Poisson soluble* a été écrit en 1921 et 1922. Ces 32 textes automatiques ont été écrits d'une traite sur des cahiers d'écolier. Breton les publie dans un ordre différent de l'ordre chronologique de leur écriture. Marguerite Bonnet les date plus tardivement, entre mars et mai 1924. Sept cahiers comportent cent quatorze textes au total. Beaucoup de passages sont sans ratures ni biffures. Ce livre, plus homogène que *Les champs magnétiques*, semble avoir une trame narrative qui nous échappe sans cesse. Nous n'appréhendons qu'une globalité, une ambiance produite par les notations et les rythmes textuels. Si le (ou les) sens du texte reste nostalgique, évanescent, les formes textuelles n'en sont pas moins fortement chargées d'énergie ; la phrase s'auto-engendre et la

---

[143] Robert Desnos, « Rose Scélavy », in *Corps et biens*, Paris, Poésie/Gallimard, 1953, 1968, pp. 33-46.
[144] In *Les pas perdus, op.cit.*, pp. 284-286.
[145] *Ibid.*, p. 286.

sonorité des mots suggère les suivants. Ainsi, le contraste entre notre saisie globale de sens flottants et l'acuité des mots et des phrases en font une écriture du flou par excellence.

> A présent elle dort, face à l'infini de mes amours, devant cette glace que les souffles terrestres ternissent. C'est quand elle dort qu'elle m'appartient vraiment, j'entre dans son rêve comme un voleur et je la perds vraiment comme on perd une couronne. Je suis dépossédé des racines de l'or, assurément, mais je tiens les fils de la tempête et je garde les cachets de cire du crime.

Et de poursuivre :

> Le moindre ourlet des airs, là où fuit et meurt le faisan de la lune, là où erre le peigne éblouissant des cachots, là où trempe la jacinthe du mal, je l'ai décrit dans mes moments de lucidité de plus en plus rare, soulevant trop tendrement cette brume lointaine. Maintenant c'est la douceur qui reprend, le boulevard pareil à un marais salant sous les enseignes lumineuses[146].

Nous évoquions la question de l'objet perdu. Tout ce texte est traversé par une ambiguïté : le sujet est-il en possession de l'objet de ses désirs ou rêve-t-il de son désir ? Or ce rapport du narrateur à l'objet perdu constitue la trame de *L'amour fou,* dont l'écriture n'a rien d'automatique ni de flou. Au contraire, le livre est composé d'une suite de récits d'expériences vécues et de réflexions sur l'attitude d'errance qui prépare et conduit à l'expérience capitale de la rencontre.

> Aujourd'hui encore je n'attends rien que ma seule disponibilité, que de cette soif d'errer à la rencontre de tout, dont je m'assure qu'elle me maintient en communication mystérieuse avec les autres êtres disponibles, comme si nous étions appelés à nous réunir. J'aimerais que ma vie ne laissât après elle d'autre murmure que celui d'une chanson de guetteur, d'une chanson pour tromper l'attente. Indépendamment de ce qui arrive, n'arrive pas, c'est l'attente qui est magnifique[147].

---

[146] *Poisson soluble,* in *Œuvres complètes, op.cit.,* pp. 352.
[147] *L'amour fou,* Paris, Gallimard, (1937), 1964, p. 33.

Nous nous intéresserons au chapitre 3 de ce livre, pour en examiner la trame, et découvrir une forme de rencontre qui exemplifie un effet de flou remarquable. Au début des années 1930, André Breton et Alberto Giacometti étaient des amis proches. Le sculpteur, engagé dans une recherche surréaliste élaborait une de ses œuvres importantes, *L'objet invisible*. Cette sculpture représente, de manière primitive, un personnage féminin nu, debout, adossé à une structure, tenant dans ses mains un objet absent. Le vide, mis en évidence par le geste des mains, constitue le noyau de l'œuvre tandis que le visage, étrange et cruel, de l'être fixe le lointain. Breton voit, dans cette effigie, « l'émanation même du désir d'aimer et d'être aimé en quête de son véritable objet humain et dans sa douloureuse ignorance ». Il décrit les difficultés du sculpteur dans son élaboration de la sculpture comme la conséquence de l'indétermination sentimentale dans laquelle se trouvait Giacometti à cette époque. Lors d'une balade au Marché aux puces, les deux compagnons rencontrent chacun un objet. Giacometti découvre un masque qui ressemble aux casques du Moyen-Age, avec visière, et, après hésitation, il en fait l'acquisition. Breton fait l'acquisition d'une cuiller en bois, paysanne, dont il analyse les fonctions imaginaires, comme le fait Freud pour un rêve. Cette cuiller lui fait penser à la pantoufle de Cendrillon, symbole de l'objet perdu, de la femme aimée et disparue. « La trouvaille d'objet remplit ici rigoureusement le même office que le rêve, en ce sens qu'elle libère l'individu de scrupules affectifs paralysants.[148] »

Poursuivant sa réflexion sur l'objet trouvé par Giacometti, il s'intéresse à l'influence que ce masque a pu avoir sur l'élaboration de la tête de sa sculpture. La fonction de ce masque restait indéterminée et inconnue, mais Breton pense que cette trouvaille a permis au sculpteur de préciser son intention. Celle-ci agit ainsi comme un catalyseur. De plus, ces trouvailles sont le fruit d'une collaboration entre deux personnes qui échangent leur créativité.

Ayant publié le compte rendu de cette chasse aux objets sous le tire « Equation de l'objet trouvé » dans la revue belge

---

[148] *Ibid.*

*Documents*, en 1934, Breton reçoit une lettre d'un poète, Joe Bousquet, qui lui livre la clef du masque. Cet objet avait été distribué aux soldats pendant la Première Guerre mondiale pour les protéger. Mais cette protection allait se révéler au contraire inefficace, handicapante et nuisible. Le rôle maléfique de cet objet était alors révélé. Breton l'identifie à l'instinct de mort, tandis que son objet cuiller incarne *eros*, une promesse de rencontre.

Les objets trouvés ont perdu le flou qui les entourait et leur valeur emblématique donne figure au grand conflit qui oppose *eros* et *thanatos*. La trouvaille du masque a-t-elle réellement aidé Giacometti à sortir de l'indétermination qui accompagne toute création, et à résoudre certaines difficultés qu'il rencontrait dans l'élaboration de son *Objet invisible* comme se plaît à le penser Breton ? La critique d'art américaine Rosalind Krauss consacre à cette question un long article dans lequel elle conteste l'interprétation de Breton et met en avant l'influence de Georges Bataille sur Giacometti dans ce moment de création[149]. La prééminence de l'informe et de l'horizontalité dans de nombreuses œuvres du sculpteur, jusqu'à sa sculpture *L'objet invisible*, étaie l'hypothèse d'une communauté de pensée avec la réflexion ethnographique que Georges Bataille développait dans la revue *Documents*.

Mais il faut poursuivre le cheminement d'André Breton, au chapitre suivant, pour comprendre le cheminement des trois premiers chapitres de *L'amour fou* comme une préparation à la rencontre capitale, à laquelle le poète, comme un guetteur, se prépare. La rencontre avec l'être aimé se fait brutalement, comme une déchirure du flou de l'attente et de l'indétermination ; mais l'apparition reste mystérieuse et intangible dans un premier temps avant de devenir une réalité. Si l'écriture de *L'amour fou* se veut objective, descriptive, à l'opposé de celle de *Poisson soluble*, l'atmosphère qui se dégage du roman renvoie cependant au texte automatique. Les objets, les événements, l'amour sont trouvés, ou retrouvés ; le voile du flou de l'attente, déchiré, dans une épiphanie qui vient

---

[149] Rosalind Krauss, « Giacometti », in *Le primitivisme dans l'art du 20ᵉ siècle*, sous la direction de William Rubin, Flammarion, 1987, pp. 502-533.

confirmer toute une suite de petites apparitions préparatoires, dont fait partie la scène du Marché aux puces. Comme dans une lente mise au point optique, l'écrivain conduit le lecteur à comprendre l'objet de sa recherche, pour nous conduire à la rencontre capitale, à l'amour fou.

**Eric Bonnet**

Chapitre 5

# Vagues images & écritures flottantes à la frontière du rivage
### Darrieussecq, Duras, Woolf

D'un auteur à l'autre, selon leurs périodes d'existence et les temporalités des différents récits, au-delà des proches ou lointains effeuillages narratifs et par delà les semblables ou changeantes traversées de lieux et de non-lieux, il arrive parfois que vibrent d'étranges résonances biographiques, voire que les frontières émoussées des diverses écritures induisent en leurs images une fluctuation des phrases, des langages et des pages. Si une intuition incline ainsi à tenter une possible réponse à la question – les frontières du flou en littérature - que pose cet ouvrage en mobilisant le travail contemporain de Marie Darrieussecq, dès lors que l'on songe aux rivages auxquels s'amarrent les livres d'une femme pour laquelle l'écriture est un moyen de se sentir exister, d'autres noms viennent aussitôt la rejoindre en ces ondes ophéliennes : des noms de femmes pour lesquelles écrire est à la fois une manière de laisser flotter leur âme au fil de l'intimité aqueuse de leur vie – quitte à y couler, comme ce fut le cas pour Virginia Woolf –, mais surtout des femmes pour lesquelles le travail littéraire est également l'occasion de s'y transformer en source, aussi bien pour soi que pour les autres : ces lecteurs éternels, auxquels il semble qu'elles s'adressent à partir d'un rivage qui les attire vers un horizon sans limites et que, telle Duras, elles regardent inquiètes avant de traverser la plage en plissant les yeux, puis de rejoindre à la nage les flots d'un espace-temps où tout se brouille, s'imprécise, s'indistincte, se dissout ou s'éteint, quitte à éventuellement gagner à nouveau, peut-être, une limpidité imageante.

Ainsi, naviguons. Flottons avec ces femmes. Pratiquons avec elles leur art du voyage dans la moire des mots et des images. Car ce sont des visualités qu'il s'agit ici d'approcher par les textes ; des visualités et sans doute des visages qui voyagent, via les mots et les phrases, dans le flou des vagues.

## Depuis le rivage : écrire en images

« Chaque jour, on regardait ça : la mer écrite.[150] » Ainsi commence un livre peu connu de Marguerite Duras, un petit ouvrage modeste, accompagné de quelques clichés réalisés par une amie photographe, et, en dernière page, d'une mention de son compagnon expliquant comment *elle* – la femme qui écrit – a guidé ces balades photographiques le long de la côte normande sans jamais en voir un tirage pendant presque quatorze ans[151], puis finalement s'est mise à les regarder attentivement et à écrire des mots qui dialoguent avec les images et qui soudainement viennent faire sens, pour lui, pour *elle*, comme pour Hélène Bamberger avec laquelle ils ont cheminé, en bordure de mer, toutes ces années.

Pourtant, en écho à la prose durassienne, la netteté des photographies de ce recueil est presque gênante, tant elle réduit à un regard définitif ce que l'on connaît d'une écriture qui emporte le lecteur au large de ses incertitudes. Une seule, surtout, retient notre attention, peut-être parce qu'elle cadre un paysage de fin de journée aux limites indistinctes et qu'un éclat du ciel vient iriser la marée montante qui inonde et dérobe le

---

[150]. Yan Andrea, Marguerite Duras, Hélène Bamberger, *La Mer écrite*, Paris Marval, 1996, p. 7.
[151]. Yan Andrea, *op. cit.*, p. 69.

sol du premier plan. On pourrait alors se dire que la plage dont il s'agit vaut pour toutes celles qui apparaissent au fil des pages de *L'été 80*[152], mais les mots eux-mêmes brouillent aussitôt cette lecture, dans la mesure où le feuillet de gauche qui fait pendant à la photographie délivre le message suivant :

> Je ne sais plus rien.
> C'est peut-être le Chili ou un Japon très revu et très corrigé.
> Ça dépend de vous, cher spectateur.[153]

Elle ne sait plus rien, ne situe plus rien, et néanmoins elle s'adresse à un lecteur-spectateur, à un lecteur chargé de lire et de voir, non pas l'évidence paysagère de la photographie qu'il a sous les yeux, mais, entre les mots, un lieu inaccessible, dont l'authenticité se trouve étirée et comme délayée à partir du cliché qui en est donné. Et nous sommes alors aussitôt renvoyés à l'écriture de ses œuvres, à une écriture, où, si souvent, qu'elle dise *je* ou qu'elle utilise le pronom de la féminité, un regard narratif balaye une plage vide, un moment d'existence, sur du sable mouillé – ainsi, un regard qui n'est plus seulement celui de l'auteur, mais encore le nôtre qui lisons. Et la pluie tombe. Elle brouille la perception de l'espace et étire l'infini de l'instant : il pleut, l'incomplétude voile les yeux. Il pleut « de ce temps qu'on ne peut pas classer, dont on ne peut pas dire quel il est. Dressé entre les hommes et la nature, il est une paroi opaque faite d'eau et de brouillard.[154] » En ce lieu flou et pourtant frontalier, la pensée qui se déploie est donc sienne autant qu'elle nous appartient ; elle est une forme diffuse sur une photographie lavée que l'on sort du bain du laboratoire en découvrant ses zones d'ombre et de lumière à la trop puissante clarté du jour ; elle est la tache d'un dessin aquarellé, dont les encres se répandent sur un support trop humide parce que tout à coup le vent et la pluie les ont déployées, délavées, au-delà du geste de maîtrise qui les a motivées et alors même qu'une éclaircie, déjà, fait scintiller le

---

[152]. Marguerite Duras, *L'Été 80*, Paris, Minuit, 1980/2008.
[153]. Marguerite Duras, *La Mer écrite, op. cit.*, p. 26.
[154]. Marguerite Duras, *L'Été 80, op. cit*, p. 10.

sable d'une plage blanche ou d'une blanche page aveuglante aveuglée. Car, effectivement, Duras regarde la plage comme elle regarde la vie s'écrire sur les pages de ses carnets. Elle l'observe, les observe, depuis un rivage où tout peut se passer. Et sans doute est-il utile de rappeler ici le sens du mot *rivage*, en ce qu'il articule une rive (du latin *ripa*)[155] à la déclinaison d'une action (*aticum*). Ainsi le rivage est-il l'endroit où se situe un visage en acte de voir, c'est-à-dire un être, dont la pensée visualise la portée impressive d'une image – perçue ou inaperçue – qui, intériorisée et intensifiée, est partagée au fil de l'expression d'un langage, et donc exprimée par la graphie des mots ou toute autre élaboration signifiante. Il s'agit donc autant d'un regard posé sur ce qui passe – ou se passe – et qui fait front, que d'une *imago*[156] présentant le support d'une empreinte de soi à l'adresse d'un autre et réciproquement.

Dans cette perspective, le rivage serait ainsi, du visage, un lieu des lieux. Il constituerait la bordure imprécise d'un monde extime imageant et à imager, parallèlement à un état intime percevant et imaginant auquel autrui participe. C'est pourquoi les auteurs qui s'y tiennent tendent à empiler à son endroit toutes sortes d'images, qu'il s'agisse de celles d'un présent en observation (lequel est également présent de l'impression) ou de celles qu'élaborent les flottaisons de l'âme quand le sac et le ressac des vagues font aller et venir les visions réminiscentes ou les transforment en autant de surgissements divagants. Outre les intenses vertiges d'images de Duras (par exemple, l'effrayante splendeur de la mer haute qui se reflète dans les yeux d'un enfant[157]), on retrouve ici les textes syncopés de Virginia Woolf tels que leurs vues sur mer alternent avec de tout autres scènes – dont de multiples

---

[155]. *Ripa* pour les Romains correspondait aux rives du Danube, lesquelles matérialisaient une frontière entre leur empire (*emperium*) et le monde des barbares (*barbaricum*). Entre ces berges coulent, puissantes, les eaux du fleuve, en leur flux et leur remous. L'humain en explore le milieu trouble.

[156]. Selon le sens latin du mot, en vertu duquel l'*imago* est une image indicielle intégrant le portrait d'une personne, c'est-à-dire une image intensive ou image en *pour-trait*.

[157]. Marguerite Duras, *L'Été 80, op. cit*, p. 13 et p. 23. Soulignons la mise en abyme (au sens propre comme au figuré) du visage de l'enfant qui dédouble le visage de l'écrivaine regardant.

souvenirs –, où dialoguent des personnages qui « vaguent à l'aventure, s'échappent, montent plus haut, avec des mots et des mots enfilés en phrase.[158] »

En bordure de rive, le corps humain est appelé à plonger dans une eau où la respiration se suspend et où la vision se trouble, et en un milieu où, emporté par le vent, il est aussi entraîné à l'exaltation de sensations de vitesse et de légèreté qui renforcent sa présence dans les airs, peut-être l'y soulèvent, cependant que toute image devient ondulante, insaisissable, diaphane, éventuellement transparente, et n'est plus nécessairement soumise aux pesantes lois de gravité[159]. D'où, des cheveux qui s'envolent[160] ou « fondent dans la lumière[161] », d'où des voix sans visages qui soufflent des paroles que l'on n'entend quasiment pas[162], d'où encore, « des vagues bleues et des vagues vertes promenant sur la rive un rapide éventail[163] », cependant que « les choses se fondent, perdent doucement leur forme[164] » et que les objets « s'écoulent[165] », deviennent « liquides [166] »

Considérons cela – ce qui tente de s'écrire par des images – à la fois comme l'appel et l'effet du large : il s'agit d'un tel envahissement physique, d'un tel étourdissement des sens que, depuis la rive où s'avance un visage à la rencontre des phénomènes, les frontières entre soi et le monde s'estompent, se mélangent et tournoient. Ainsi, Marie Darrieussecq, d'une tout autre manière, relève-t-elle l'intensité de cet état, en ce que celui-ci est agissant pour un visage attiré à l'horizon de ce qui

---

[158]. Virginia Woolf, *Les Vagues,* [1931], [traduit par Marguerite Yourcenar], Paris, Stock [1974] et Librairie Générale Française, [1993].
[159]. *Idem*, pages 19, 52, 72, 82, 86, 101, 122, 158, 183, 193, 212, 219.
[160]. Marie Darrieussecq, *Le Mal de mer*, Paris, P.O.L, 1999, pages 19, 100.
[161]. *Idem*, p. 49.
[162]. Marguerite Duras, *Yeux bleus, cheveux noirs*, Paris, Minuit, 1986, pp. 10-11. « Les voix sont partout, légères et vides qui disent l'exceptionnelle beauté du soir d'été. » [...] « On crie un nom d'une sonorité insolite, troublante, faite d'une voyelle pleurée et prolongée d'un *a* de l'ainsi et de son tremblement entre les parois de consonnes méconnaissables. »
[163]. Virginia Woolf, *Les Vagues, op. cit.*, p. 37.
[164]. *Idem.*
[165]. *Ibidem.*
[166]. *Ibidem.*

est inconnu ; visage qui, selon elle, n'est plus le même, dès lors que tourné vers le large, il a vu la mer et a commencé son odyssée.[167]

Mais, qu'en est-il de la traversée d'un être embarquant ses images sensibles en cet infini de l'exister ? Qu'en est-il d'un être s'en remettant de la sorte à l'étrangeté d'un métamonde où tout flotte et devient flou, alors que ses états de conscience sont, soit amplifiés jusqu'au vertige, comme en témoignent tour à tour Duras et Darrieussecq, soit altérés, comme le montre l'écriture de Virginia Woolf ?

Dans tous les cas, il semble que des images vagues croisent celles de vagues imageantes qui viennent frapper le sol et, dès lors, rappeler que les tressaillements de l'être, front face à la mer, corps et visage en tête, s'ils aspirent à transcender le visible, respirent néanmoins la réalité d'une existence reliée au monde autant qu'il lui est relié : « Mon visage était enfoui, mon nez face à la mer. Respirant les embruns, je me retrouvais, moi aussi progressivement.[168] » écrit Marie Darrieussecq.

**Images vagues**

Car, à la limite de la berge, que ce soit pour Woolf, Duras et certainement de façon plus prégnante pour Darrieussecq, le corps est aux aguets de l'écriture, et notamment d'un langage qui se cherche à la frontière de ce qu'il perçoit en propre. Ainsi, lui arrive-t-il de lutter contre les éléments : contre « la mer qui le gifle en pleine tête[169] », contre ce qui peine à s'écrire et résiste, au moment où le corps « se retrouve blotti contre le livre » souligne Duras, « désorienté » ajoute-t-elle[170]. Et, lorsque le vent se met à souffler, « lorsque les vagues s'entassent sur le corps, qu'elles roulent sur lui entre leurs larges épaules[171] », quelque chose cède, qui fait

---

[167]. Marie Darrieussecq, *Le Mal de mer, op. cit.,* p. 10 et p. 11.
[168]. Marie Darrieussecq, *Naissance des fantômes*, Paris, P.O.L, 1998, p. 60.
[169]. Marie Darrieussecq, *Idem*.
[170]. Marguerite Duras, *La Pute de la côte normande*, Paris, Minuit, 1986, p. 9.
[171]. Virginia Woolf, *op. cit.,* p. 36.

mentionner à Virginia Woolf une chute en laquelle l'être est « renversé[172] », en laquelle il « tombe[173] » littéralement.

Alors est-il possible de « vaguer à l'écriture avec des mots enfilés en phrases.[174] » Alors est-il possible de transcrire ce qui se vit en passant par les images. Et, par glissement des sensations à leur visualisation et à leur inscription, une frontière indiscernable peut ainsi se franchir. D'où une poétique des phrases qui est parfois scandée de ponctuations : respiration haletante, coupée, se jetant en avant, puis revenant à la ligne de départ (Duras) ; d'où, une fluidité qui élance de longs phrasés ourlés de virgules (Darrieussecq) ou de répétitions (Woolf) – toutes ces scriptions et transcriptions formant autant de vagues que l'on traverse et sur lesquelles on vogue à tout venant.

Depuis le frémissement du vivant, l'acte d'écrire est ainsi créateur d'images où filent métonymies et métaphores : métonymies qui, partant du corps, élaborent des représentations où l'auteur se voit de façon fragmentaire (pieds dans le sable ou enroulés d'algues, mains qui foulent l'eau[175], etc.) de sorte qu'à la croisée des éléments, il se fond peu à peu avec le paysage[176] et s'y déplace de façon concrète autant qu'abstraite, avançant en chair et en os, tendu, étendu, vers un inconnu appréhendé par une pensée vagabonde, cependant que les métaphores transportent leur auteur, en ses souvenirs et ses rêveries, ensemble projetés au cœur de l'étendue qu'il regarde (Woolf, et surtout Duras inlassablement).

Mais, à mesure que ces figures et leurs images sont associées les unes aux autres, il arrive qu'on ne puisse plus en distinguer les points de passage. L'auteur immerge ainsi le

---

[172]. *Idem.*
[173]. *Ibidem.*
[174]. *Ibidem*, p. 25.
[175]. Marie Darrieussecq, *Le Mal de mer, op. cit.*, pp. 16, 19, 27, 37, 39, 90, 91, 92.
[176]. Virginia Woolf dresse ainsi fréquemment la figure d'une femme paysage : « Je suis pareille à l'écume qui ourle le sable, ou au clair de lune, qui verse au hasard ses rayons sur un bidon de fer blanc » écrit-elle dans *Les Vagues, op. cit.*, p. 132. Quant à la « mère » du roman de Darrieussecq, à l'occasion d'un bain, il semble qu'elle se transforme volontiers en sirène : *cf.* Marie Darrieussecq, *Le Mal de mer, op. cit.*, p. 103.

lecteur dans un flux d'images qui se superposent et s'assemblent en brouillant, morcelant ou saturant les points de vue : c'est le cas, par exemple, de la « mer-éventail[177] » de Virginia Woolf, qui est autant l'objet qu'elle tient devant un visage en absence[178] (le sien ou celui d'une autre personne), qu'un océan agité, dont la vue se diffracte sous les lumières changeantes du ciel, cependant qu'un éblouissement en traverse le fondu de couleurs sous le joug d'une poétique enchantée.[179]

Cela s'opère le plus souvent de façon horizontale, à l'avancée vers le lointain d'un horizon impermanent (Woolf) et peut-être indépassable (Duras). Cela s'opère également de façon verticale, en une plongée vers le sol qui va explorer les profondeurs (Woolf et Darrieussecq), quand bien même il arrive que celles-ci ne soient pas discernables (Woolf et Duras) et peut-être d'autant, puisqu'écrire devient alors une aventure esthétique visant à repousser les limites du lisible, comme du dicible, et réciproquement.

Probablement est-ce suivant ces mouvements sensibles et à la croisée de leurs expériences mémorielles – au plan individuel et collectif – que, pour ces auteurs, l'articulation narrative en vient fréquemment à se flouter, troublant dès lors le récepteur, afin qu'il ne sache plus très bien où se situer ni à quel sujet se rattacher : c'est bien sûr le cas de Virginia Woolf dans la structure même *des Vagues*, selon laquelle le livre est pensé : les identités s'y superposent à ce point que souvent elles s'indéterminent, tout comme les motifs dialectiques visage/paysage, mer et rivière, flaque et mare, chambre et plage, matelas sur lequel on s'étend et nappe d'eau sur laquelle on flotte au gré du vent, tandis que bientôt « toutes les choses

---

[177]. Virginia Woolf, *Les Vagues, op. cit.*, p. 37, mais aussi régulièrement dans cet ouvrage, et notamment pages 78, 230.
[178]. À plusieurs reprises, elle indique en effet qu'elle ou un des personnages de son livre n'a pas de visage. *Cf. idem* p. 41. « Je vais partir à la recherche d'un visage et le porter sous ma robe comme un talisman. » De même Rhoda (Virginia ?) s'efface-t-elle derrière le visage d'une autre, en l'occurrence, Suzanne. *Cf. idem*, p. 50.
[179]. *Ibidem*, p. 78.

se fondent en un tout[180] », et qu'à la « traversée des apparences », pour le dire en ses mots et en son premier titre[181], les frontières se sont évaporées.

Entre le flux et le reflux des vagues, se meut ainsi un va-et-vient instable où les contours des choses et des êtres vacillent. Dans ce flottement et en un flou d'images, la vie s'en remet à ces incertitudes que des femmes écrivaines ressentent à l'orée d'une attente immense ouverte aux cycles, comme à la béance du temps. Car, le va-et-vient des vagues, en son bercement ou en son cahotement, met en relation avec les roulements et déroulements des vies qui s'écoulent à l'horizon de l'instant. Dans ce ballottement, parfois entraîné par le fouettement et la frappe et soumis aux variations, il en va d'une amplitude et d'une désorientation ; il en va aussi d'une solitude perceptive intensifiée à l'extrême, non moins qu'à un état en partie absent à lui-même, parce qu'en proie à une plénitude ou à un désarroi dont il ne peut situer le sens.

Ici se joue la lisière intermittente de l'être, entre le sensible et le sentiment. Ici se joue l'expérience humaine en tant qu'elle tente de s'écrire entre ce qui est peut-être perceptible et ce qui est éprouvé, entre le supporté et ce qui, rejeté, fait défaut, ou pour le dire autrement, entre ce qui se soutient ou est soutenu et ce qui s'effondre. Ici s'articule le problème métaphysique de l'espèce humaine, dont certains tentent d'approcher la dialectique depuis le surgissement de l'apparaître jusqu'à une finitude incertaine, là où fusionnent et se séparent vérités et fantasmes, et qu'à l'instar de Virginia Woolf, sur les pas de préoccupations très shakespeariennes, on en vient à confronter ébauches de la réalité et esquisses de fictions, sans avoir à leur conférer une attribution définitive.

Dans le sac et le ressac des vagues, que ce soit sous le regard de Virginia Woolf, ou celui de consœurs d'un autre temps, s'agite donc effectivement cet oxymore impossible et nécessaire pointé dans l'introduction-argumentaire de ce livre. Les images d'un réel immaîtrisé s'y mélangent à celles de la

---

[180]. *Ibidem*, p. 135.
[181]. Virginia Woolf, *La Traversée des apparences*, [1915], [traduit par Viviane Forrester], Paris, Flammarion, 1999.

pensée consciente et inconsciente des auteures et de leurs lecteurs, alors que des horizons frangés alternent, pour chacune et chacun, avec des eaux troubles et mélangées. Ainsi ondulent les frontières fluctuantes de l'intime et de l'extime. Et si les écritures tendent à y guetter la brisure de soi qui, partie à l'appel du large, revient indubitablement mourir sur le rivage ou s'abîmer sur les rochers[182], ce retour à la violence d'une vie éprouvée autant qu'expérimentée et dont la quête échoue au plus près, témoigne de ce que, dans le flux et le reflux des vagues, réside en eaux troubles une intranquillité : le flou d'êtres qui, du vécu à son advenir, demeurent à l'épreuve et fuient de tous côtés, sans frontières délimitées.

### Du flou & du faible

Encore s'agit-il de rappeler ici l'étymologie du mot « *flou* » ou « *flo* » qui, dans l'ancien français, signifie « jauni » (du latin *flavus*) ou « faible » (de *flavescere*), au sens où les végétaux se fanent en jaunissant. *Flou* désigne donc en France au XIIe siècle ce qui est fatigué, dépérissant. Mais, lorsque le terme mute vers le domaine pictural, son utilisation est au XVIIe siècle mentionnée par Félibien comme exprimant traditionnellement « la tendresse et la douceur d'un ouvrage »[183], signification que Diderot continue à diffuser selon une valeur ambiguë, parce que tour à tour dépréciative ou au contraire révélant la subtilité du fragile et de l'impermanent, dont, généralement, on associe la fluidité et le charme à l'enfance, ainsi qu'aux eaux du corps féminin qui en a porté la promesse de naissance[184]. En cela, et quoi qu'en dise la

---

[182]. On reconnaît ici l'issue des voyages en mer de Virginia Woolf, mais encore ceux de Marguerite Duras à la recherche d'un marin qu'elle ne trouvera pas, de même que chez Darrieussecq, la fuite d'une mère échappant à sa condition en emportant sa fille vers la côte, sans autre but que de partager la mer/mère, pour les joies qu'elle occasionne, mais aussi selon les défaillances de ce qui, dans le mouvement de la vague, de façon très concrète déchoit.
[183]. *Ibidem.*
[184]. J.-B. Dumoulin, mentionne d'ailleurs l'utilisation que Félibien opère du mot « flou », en accord avec le sens du mot fluide qui aurait la même origine.

controverse, le terme se colore d'une définition le rapprochant du mot « fleur »[185]. Or, le plus intéressant, est qu'en anglais – mais c'est aussi souvent le cas pour le substantif français – « flower », dont l'origine semble issue du l'ancien français « flor » et du terme latin « *flos* »[186], est présentée, dans sa définition même, non pas comme dépérissante, mais prête à ouvrir des pétales fins et délicats qui serviront à préciser le sens figuré du mot. D'ailleurs, le mot « fleur » ou « flour »[187], selon un usage davantage métaphorique, est aussi utilisé pour qualifier une surface d'émergence - celle de la fleur qui éclot, de même que celle où se donne la meilleure partie de la chose ou de l'être qui ainsi *affleure*.

Tous ces déplacements de sens ne sont pas anodins. Ils traversent les langues et s'y transforment en autant d'images que les auteurs véhiculent. Et le recours de Virginia Woolf aux motifs des fleurs prêtes à éclore ou exhalant le parfum de leur épanouissement, fait de la sorte, de mots en mots, office de lien et de passage entre les variantes sémantiques, quitte à ce que l'on assiste à leur confusion[188].

Revenons cependant au caractère ambivalent du mot « flou », en ce qu'il accompagne les gestes que Virginia Woolf, regardant les vagues, s'emploie à décomposer, c'est-à-dire à ralentir ou à répéter, notamment quand Rhoda emporte avec elle ce fameux bol empli d'eau et de pétales prêts à être disséminés[189] ou quand elle disperse en pleine mer les fleurs choisies pour l'ami disparu[190] : comment ne pas songer ici, entre mer et rivière, au rappel du geste ophélien que l'on peut repérer chez Shakespeare en ce qu'il offre réponse au « *to be or not to be* » d'Hamlet, réponse floue s'il en est, faite de tressage de fleurs cueillies et d'un corps en pleine jeunesse qui s'en

---

*Cf.* J.-B. Dumoulin, in *Revue de la bibliothèque de l'école des Chartes*, 1845-1846, pp. 327-331.
[185]. Mentionné par J.-B. Dumoulin, mais, pour celui-ci, Génin utilise le mot *fleur* selon une métaphore abusive.
[186]. « Flower », in *Online etymology dictionary*.
[187]. Voir « Flour », in *Online etymology dictionary*.
[188]. Virginia Woolf, *Les Vagues, op. cit.*
[189]. *Idem*, p. 27, et de manière récurrente, dont p. 122.
[190]. *Idem*, p. 163.

remet à la fluidité des ondes s'écoulant à jamais. On y découvre, certes, le dépérissement éperdu d'une femme, dont le désir se répand à la surface de l'eau, y flotte et vogue, sans but ni fin. Mais, comme le souligne Yves Bonnefoy, on y découvre aussi l'issue d'une hésitation, c'est-à-dire un « *will be* » qui, au seuil d'une tension dialectique extrême, engage un être de poésie[191]. Car, si la fleur coupée, telle que la décrit l'écrivain et traducteur de Shakespeare, est bien « une façon d'interpréter l'existence, d'en rendre manifeste une dimension[192] », si sa présence « s'ouvre à ce qui hante les hommes et les femmes, qu'ils le sachent ou non[193] », à savoir « leur existence à venir, leur crainte du temps qui passe, irréversible, leur sentiment de leur finitude, mais aussi bien leur prescience de l'unité qui pourrait emporter toute existence finie dans l'intemporel de sa grande vague[194] », dès lors, soulignons-le avec le poète : « bouquets et guirlandes ont évidemment une raison d'être, prennent du sens : ils aident la personne à réfléchir à soi, sans pour autant redouter sa finitude essentielle.[195] »

N'est-ce pas cela, corollairement, qui vient en tête de Virginia Woolf, des auteur(e)s ici citées, ou de tout être qui se laisse prendre par le va-et-vient incertain des vagues, dont il franchit bien loin la ligne d'horizon, et pourtant reste là à attendre ? Mais attendre quoi au juste, si ce n'est l'écoulement serein et inquiet d'une finitude inconnue, à l'image justement de la fleur coupée qui dans le vase bientôt va se faner et pourtant existe par soi, pour soi et pour l'autre, en tant qu'unité de vie et possible geste de grâce – geste tendre au possible, en ce qu'effectivement il se tend vers un instant espéré éternel ?[196]

---

[191]. Yves Bonnefoy, *L'Hésitation d'Hamlet, et la décision de Shakespeare*, Paris, Le Seuil, 2015, pp. 86-93.
[192]. *Idem*, pp. 88-89.
[193]. *Ibidem*.
[194]. *Ibidem*.
[195]. *Ibidem*.
[196]. Mentionnons ici le rôle des fleurs, de leurs odeurs, et de leur motifs conjoints aux paysages de mer, bien sûr chez Woolf, mais également chez Duras (le parfum des lauriers qui couvre l'odeur de la lèpre dans *India Song* et les romans afférents, pendant que de pages en pages, comme le rapporte Michelle Porte, elle écrit face à la mer). Mentionnons également

Considérons une dernière acception du mot « flou », telle que Renaut de Montauban la rapporte à partir de Tite Live. En effet, si, selon lui ; « est flou ce qui est désert et n'en sait rien[197] », ces termes, en ce qu'ils font appel à une étendue sans limites et à une ignorance de soi, nous rappellent curieusement ceux qu'utilisait Freud pour situer une femme nommée Psyché[198], femme dont le mythe d'Apulée relate la fragilité, la faiblesse, et des états de mise à l'épreuve et de dépérissement, mais aussi femme qui, dans la nescience intuitive de son être, demeure néanmoins prête à vivre et se découvrir corps et âme[199] – femme, qui effectivement, à plusieurs moments du récit, « est étendue » et « ne sait rien » des aventures qui l'attendent, et pourtant s'y lance éperdument.

## Attention flottante & précisions sur les vagues

Ainsi, le flou dont nous parlons et dont nous cherchons les frontières n'est peut-être rien d'autre qu'un rapport de l'être à son corps propre et au monde. L'écriture, en tant qu'elle est dire à l'écoute de soi comme à l'adresse d'un autre et, réciproquement, permet d'en rendre compte. Et s'il s'avère qu'elle est bien *praxis* autant que *poïesis*, en son geste créateur

---

Darrieussecq, dont une héroïne arrose ses impatiens au bord de sa fenêtre parisienne, démunie par le départ inexpliqué de son amant, avant de se trouver, sur la plage « réveillée par le chuintement des vagues ». *Cf.* Michelle Porte, « Marguerite Duras regardant la mer le 17 mai 1976 », in *Les lieux de Marguerite Duras, 2ème partie*, Paris, Institut National de l'audiovisuel, 1976. Par ailleurs, Marguerite Duras écrit à propos de chez elle : « on ne jette jamais les fleurs dans cette maison. C'est une habitude, ce n'est pas une consigne. Même mortes, on les laisse là. Il y a des pétales de roses qui sont là depuis quarante ans dans un bocal. Elles sont encore très roses. Sèches et Roses. » Marguerite Duras, *Écrire*, Paris, Gallimard, 1993, pp. 47-48. *Cf.* Marie Darrieussecq, *Naissance des fantômes,* Paris, P. O. L, 1998, p. 45 et p. 59.
[197]. CNRTL, *op. cit.*
[198]. « Psyché est étendue et n'en sait rien » indique Freud. *Cf.* Sigmund Freud, *Résultats, idées, problèmes II (1921-38)*, Paris, PUF, 1985, p. 288, [citation du 22 août 1938].
[199]. Apulée, *L'Âne d'or ou les métamorphoses*, « Livre IV-28 jusqu'au Livre VI-25 », in *L'Âne d'or ou Les métamorphoses, [IIe siècle ap JC]*, [trad. Par Pierre Grimal], Paris, Gallimard, 1958, pp. 110-151.

d'images, elle engage des sensations et des affects qui ne font nullement l'économie de défaillances sensibles, et notamment du voir, quitte à ce qu'une netteté, progressivement se discerne à partir de l'indistinct, de l'incertain, de l'imprécis, ou de ce qui n'est pas vu.

C'est le cas, par exemple, chez Virginia Woolf quand, prise par le flux et le reflux des vagues, elle navigue d'images en images et associe leurs formes en divaguant, puis, tout à coup, s'arrête à la fulgurance d'une couleur, aux définitions qu'affirme la lumière qui « aiguise le bord des tables, des chaises et ourle de délicats fils d'or les nappes blanches[200] », cependant qu'« à mesure que le jour croît, les bourgeons éclatent çà et là, dépliant leurs fleurs veinées de vert, palpitantes. [201] » Mais si, dans sa prose, « les choses se fondent aussitôt les unes dans les autres, perdant doucement leurs formes[202] », si on dirait que « l'assiette de porcelaine s'écoule, et que le couteau d'acier devient liquide[203] », si les substances se transforment et mutent en une fluidité inconsistante, ce qui s'énonce par l'écriture semble pourtant venir en équilibrer le mouvement – parfois l'agitation – au profit d'une fluctuation des mots auxquels une attention extrême est portée : il s'agit là d'un effort immense sur lequel repose le travail de l'écrivain et, sans doute plus encore, son corps tendu/étendu qui n'en sait rien.

Il en est manifestement de même concernant Marguerite Duras, notamment quand, allongée, le visage voilé de soie noire, elle détaille le tout du paysage et de l'homme qui vit à ses côtés, et cela, malgré le fait qu'à l'aube, à marée basse, « on entend seulement le battement espacé du ressac[204] » et qu'alors « les heures se vident de toute substance, jusqu'à devenir des espaces nus, des sables de pure traversée.[205] » Mais, nous pourrions également ici remarquer les plans fixes en quête de l'image dure, particulièrement définie, des miroirs de

---

[200]. Virginia Woolf, *op. cit.*, p. 37.
[201]. *Idem.*
[202]. *Idem.*
[203]. *Idem.*
[204]. Marguerite Duras, *Yeux bleus, cheveux noirs, op. cit.*, et notamment p. 134.
[205]. *Idem.*

son cinéma, à mesure que la vie s'écoule, en ses désastres, en ses cris, en ses troubles et ses désarrois. Nous pourrions, pareillement, revenir aux photographies des promenades en bord de mer réalisées par Hélène Bamberger, dont nous avons pointé plus haut la minutie et dont il ne faut pas oublier que peu à peu elles ont été dirigées par l'écrivain – photographies si nettes et à propos desquelles « Marguerite manifestait des exigences de plus en plus précises[206] » – Marguerite qui se laisse emporter, autant qu'elle nous emporte, au creux des vagues, en leur malaise, en leur flou, en leur flottement sans frontières, dans l'incertain, mais Marguerite, dont à rebours, nous connaissons le ton sec dès qu'il s'agit de parler de l'écriture ; Marguerite enfin, qui souligne elle-même la difficulté de ce travail du texte, tel qu'il avance vers un inconnu, « et en toute lucidité[207] » ajoute-t-elle.

Quant à Marie Darrieussecq, avec laquelle cette étude a continûment vogué en bordure de mer, non seulement ses récits sont bercés de suspensions syncopées qui font écho au balancement des vagues, à des horizons flous, des paysages sans limites, et des images qui superposent les temps, mais ils sont aussi à l'avenant, truffés de focalisations souvent détaillées selon un souci d'exactitude qui témoigne d'un travail attentif aux êtres et au monde, comme à ce qui les oriente, voire les détermine. Lorsque nous lisons cet auteur, nous sommes donc bien dans le registre d'une attention flottante qui n'est pas étrangère à sa pratique de la psychanalyse, dont il s'agit de rappeler qu'elle situe tout praticien à la frontière de deux fonctionnements psychiques, au sens où elle repose sur le déploiement d'une parole et de son écoute ; au sens, surtout, où d'un côté, comme de l'autre, les mots et les phrases filent par associations d'images en une ondulation du langage, qui parfois s'arrête, suspend l'être, le place face à son attente, ainsi le rend attentif.

De l'accueil de la faible étendue du corps à son dire soumis à une attention flottante dépend donc un possible discernement : celui que tente précisément l'écriture, quand, à

---

[206]. Marguerite Duras, *La Mer écrite, op. cite.*, 4ème de couverture.
[207]. Marguerite Duras, *Écrire, op. cit.*, p. 52.

partir du rivage, dans le flux et le reflux des vagues, elle part à l'horizon de ce dont elle ne sait rien, en son étendue infinie, et que, forte de son appel du large, enivrée même, elle en vient à se demander ainsi :

> Est-ce la mer qui arrive sur la côte ? Ou la côte qui arrive sur la mer ? Est-ce la terre qui interrompt la masse de l'eau ou l'eau qui limite la terre ? [208]

Cela induit, comme le souligne Marie Darrieussecq, quelques « précisions sur les vagues ». Au passage et de retour sur le rivage, ce que l'on a peut-être discerné est la lisière d'un ineffable, et surtout, sans trop le retenir, quelque chose d'irréductible et fragile qui appartient à l'être et à sa poétique ouverte sur le réel parce qu'à la rencontre d'un autre et d'autrui.

Valérie Cavallo

---

[208] Voir également les quelques lignes suivantes. *Cf.* Marie Darrieussecq, *Précisions sur les vagues,* Paris, P.O.L, 2008, pp. 7-8.

# PROPOSITIONS

*NOMINATION*

**Chapitre 6**

# Le flou de la nomination
## Une histoire d'œil

Le flou en littérature peut s'entendre de plusieurs façons : du flou de l'expression de l'auteur au flou de l'impression que son écriture suscite ; les deux n'étant pas nécessairement liés. Ce n'est pas l'imprécision de la nomination souvent liée à la carence d'expression de l'écrivain qui nous intéressera ici, mais ce que nous appellerons *le précis de l'imprécision* que le flou met en scène dans l'écriture ; le flou devenant alors l'occasion de creuser les limites de la nomination.

Il y a en fait plusieurs manières d'entrer dans ce précis de l'imprécision. Mais que cette imprécision singulière soit le résultat du cisèlement du mot que la définition propose ou qu'elle soit inscrite dans le vague que le mot porte en lui, nous sommes dans les deux cas proche de la folie de l'écriture. Et c'est bien cette folie que nous irons chercher pour comprendre ce précis de l'imprécis que le flou dans l'acte d'écriture provoque ; particulièrement la folie de l'œil, celle de l'*Histoire de l'œil* de Georges Bataille avec laquelle l'écrivain compose pour tenter de saisir un tant soit peu le réel qui l'entoure.

Mais pourquoi évoquer la folie de l'œil pour aborder la question du flou ? Sans doute parce qu'elle propose une autre façon de lire l'incertitude vers laquelle la nomination nous conduit. Précisons cependant que le flou de la nomination n'a rien à voir avec l'instabilité sémantique que le mot porte en lui. En effet, la nomination joue sur un double registre puisqu'elle tue ce qu'elle définit tout autant qu'elle laisse vivre ce qu'elle ne définit pas. La définition au sens strict est autant un cimetière (la statufication du mot dans l'espace du dictionnaire par exemple) qu'un lieu de vie (la définition laissant vivre ce qu'elle ne définit pas). Le flou de la nomination serait en fait dans cet interstice, interstice permettant de mieux pénétrer ce précis de l'imprécision évoqué plus haut. Le poème de Paul Eluard, *Poésie ininterrompue*, est un bon moyen pour toucher cet entrebâillement : « Prendre forme dans l'informe / Prendre empreinte dans le flou / Prendre sens dans l'insensé ».

« Prendre empreinte dans le flou », cela ne veut pas dire que ce qui est net peut devenir flou ou que le flou peut devenir net, ni même que le flou a ses propres lignes comme le net a les siennes, mais que tout est pris dans un mouvement incessant et permanent dans lequel il n'y a ni seuil, ni limite mais plutôt l'élan d'une discontinuité, forme essentielle du flou. D'ailleurs, ce n'est pas l'imprécis, le vague, l'incertain qui sont significatifs dans le flou mais sa lâcheté, son relâchement en fait à l'égard de la signification elle-même. Ainsi pour comprendre ce que le poète veut nous dire quand il écrit : « prendre sens dans l'insensé, prendre empreinte dans le flou », il faut revenir à ce mouvement incessant que le flou met en branle, ce que l'occasion poétique agence quand elle s'interroge sur notre vision du monde.

Quelle est finalement notre vision du monde, et comment l'écrivain aborde-t-il cette question dans et par son écriture ? C'est ce jeu entre ce que l'œil voit et ce que l'esprit fait de la vision, ce jeu subtil entre l'œil et l'esprit, sans jouer avec les mots de Merleau-Ponty, que nous aborderons ici.

Entre l'œil et l'esprit il y a une question que le flou de la nomination tente de résoudre comme une sorte d'expression programmatique de l'homme : « Quelle est notre vision du monde ? » ; le flou devenant alors la possibilité de dépasser la question de la visibilité, de ce qu'il y a à voir au sens où le flou ne peut être circonscrit par ce que la vision en fait. L'expression : 'notre vision du monde' nous invite à creuser, non pas ce que l'œil nous donne à voir, mais la folie dans laquelle il nous plonge, autrement dit ce que l'œil comme organe sensible finit par ne plus voir. Cette vision devenue absente, Maurice Blanchot l'interroge quand il écrit : « Les yeux, en se fixant sur ce qu'ils voient, cherchent le point où la vue se perd[209]. » Blanchot pousse l'œil dans ses retranchements, dans la situation d'un organe de la vision dont la première mission serait, non plus de voir mais de questionner pourquoi la vision est impossible. Il est possible de voir à condition de voir ce que la vision ne peut pas voir, comme il est possible d'écrire à condition d'écrire que l'écriture est un moment impossible. La folie de l'œil serait prisonnière de la même 'possibilité' : ne plus envisager la vision comme le sens le plus intellectuel pour pouvoir échapper aux contraintes de l'unité que le net impose. La vision serait alors l'occasion de nous faire réfléchir sur le passage de la continuité et de la netteté à la discontinuité, l'indétermination, l'incomplétude, l'inachèvement. Tout le problème est de savoir si la folie de l'œil n'est pas l'échelle de son point aveugle.

L'œil, par et dans sa folie, pose finalement plusieurs questions auxquelles la littérature répond par l'écriture. Existe-t-il un modèle unique de la vision ? La vision se réduit-elle à ce que l'œil voit ? La vue est-elle le premier sens dans la construction du savoir ? L'œil fait-il de la netteté la mesure des choses ? Le rapport voyant/vu se réduit-il à un rapport sujet/objet ? Quelles lois de la perspective la folie de l'œil met-elle en scène ? Mais surtout : le point aveugle de l'œil n'est-il pas l'échelle de ce que sa folie révèle ?

Le point aveugle est une notion essentielle pour comprendre la manière dont la folie de l'œil se construit. Il est le point de convergence entre le nerf optique et la rétine, l'endroit sans cellule nerveuse où la vision est physiologiquement impossible. L'œil à l'origine de sa propre cécité : c'est ce paradoxe de la vision que la folie de l'œil met en scène. L'œil, pour voir, a besoin de ce point aveugle par lequel il rend possible et justifie la disparition de ce qu'il voit. Le mouvement de la discontinuité des choses commence là, à

---

[209] Maurice Blanchot, *Faux pas*, Paris, Gallimard, 1971, p. 220.

partir de cette tache aveugle. Cette folie de l'œil, Proust la décline dans *Jean Santeuil* quand il s'interroge sur le sens de la formule : 'peindre qu'on ne voit pas' : « Ici c'est déjà la rivière, mais là la vue s'est arrêtée, on ne voit plus rien que le néant, une brume qui empêche qu'on ne voie plus loin. À cet endroit de la toile, peindre ni ce qu'on voit puisqu'on ne voit rien, ni ce qu'on ne voit pas puisqu'on ne doit peindre que ce qu'on voit, mais peindre qu'on ne voit pas, que la défaillance de l'œil qui ne peut pas voguer sur le brouillard lui soit infligée sur la toile comme sur la rivière, c'est bien beau[210]. »

Par cette formule, l'écrivain ouvre plusieurs pistes, qui valent d'ailleurs autant pour la peinture que pour la littérature, pour saisir la complexité de cette folie de l'œil. La première, la plus dogmatique, serait de ne pas peindre ce qu'on voit parce que le réel nous échappe par nature. La peinture serait alors impossible comme la langue d'ailleurs dont la nomination est inscrite dans une impossibilité ontologique. Il n'y a rien à faire, rien à peindre, rien à dire, seulement à représenter ou à signifier dans l'esprit du fragment 93 d'Héraclite quand il écrit, à propos de l'Oracle de Delphes, : « Il ne dit ni ne cache ; il signifie. » Signifier pour annoncer que la seule chose que l'on peut faire c'est donner, non pas un sens aux choses, mais s'accommoder du fait qu'elles ne peuvent en avoir ; les mots nous accompagnant dans cette impossibilité de toucher la réalité.

La deuxième, la piste la moins intéressante et la plus pédagogique sans doute, serait de ne pas peindre qu'on ne voit rien parce que la peinture a pour mission première de peindre ce que l'œil voit. Mais si la peinture consiste à peindre ce que l'on voit, alors tout le monde peut être peintre. Il suffit juste d'avoir de la technique. En littérature, cela reviendrait à écrire ce que la langue nous donne à dire, ce qui offre peu d'intérêt puisque si l'on sait déjà ce qu'on va lire, autant ne plus le lire.

Reste une dernière piste, la plus intéressante par rapport à notre projet : peindre qu'on ne voit pas, la folie de l'œil révélant cette possibilité. *Peindre qu'on* ne voit pas, c'est tout le contraire de peindre *ce qu'on* ne voit pas. Peindre qu'on

---

[210] Marcel Proust, *Jean Santeuil*, Paris, Gallimard, coll. Pléiade, 1971, p. 896.

ne voit pas, ce n'est pas donner de la visibilité à l'invisibilité. C'est peindre le creux de la visibilité plus que son plein. En littérature, peindre qu'on ne voit pas, écrire qu'on n'écrit pas, ce n'est pas faire comme l'écrivain qui écrit ce que les autres ne voient pas : l'écrivain donnant à voir ce que lui seul voit. Au contraire, peindre qu'on ne voit pas, écrire qu'on n'écrit pas, c'est le fait du peintre ou de l'écrivain qui prend en charge, par sa peinture ou son écriture, cette impossibilité de peindre ou d'écrire, alors que peindre *ce* qu'on ne voit pas, c'est viser un objet, une sorte de conscience phénoménologique selon laquelle toute conscience serait conscience de quelque chose. Peindre qu'on ne voit pas, écrire qu'on n'écrit pas, cela revient finalement à actualiser une impossibilité d'objet ou une impossibilité d'énoncé. Cet énoncé, on ne dit pas qu'il est impossible. Ce n'est pas une impossibilité au sens d'une impossibilité ontologique, absolue, l'impossibilité divine par exemple. Ce n'est pas non plus une impossibilité qui deviendrait possibilité par le progrès de la connaissance par exemple. Non, c'est plutôt une impossibilité en tant qu'impossibilité, une impossibilité inscrite dans l'immanence.

Peindre qu'on ne voit pas cela revient alors à comprendre les raisons pour lesquelles l'écriture devient le processus par lequel l'écrivain n'écrit pas. L'écrivain n'est pas celui qui écrit ce que les autres n'arrivent pas à écrire. Il est plutôt celui qui écrit simplement qu'il n'écrit pas, autre occasion de retrouver *l'informulé dans le connu du mot* dans l'œuvre de Maurice Blanchot, autrement dit la possibilité d'écrire l'impossibilité d'écrire : «... Écrire, c'est prendre en charge l'impossibilité d'écrire[211]... » Ce « Peindre qu'on ne voit pas » donne en fait une tout autre dimension au « Parler, ce n'est pas voir » de *L'Entretien Infini* de Blanchot puisque « Parler ce n'est pas voir » revient à interroger le voir à travers la question de la nomination. Parler libère la pensée de cette exigence optique qui, dans la tradition occidentale, soumet la pensée à l'impératif de la continuité.

L'œil savant semble ainsi être l'organe 'théorique' de la philosophie, comme il est l'organe canonique de la peinture ; la

---

[211] Maurice Blanchot, *La Part du feu*, Paris, Gallimard, 1949, p. 34.

vision s'affirmant, dans la construction de la connaissance, comme le sens le plus 'intellectuel', le moins immédiat, celui à partir duquel la connaissance peut commencer[212]. Cela ne veut pas dire que c'est le seul, mais il semble qu'il soit le premier dans la construction du savoir. L'œil devient l'outil spéculatif par excellence. La nature même de la spéculation nous le montre puisque le premier sens de *speculum* en latin est le miroir. Le lien entre la vue et la pensée, même primitive, s'inscrit dans l'œil comme une sorte de point focal, point focal qui se retrouve dans l'histoire de la philosophie : Platon, Descartes, Hegel étant les points d'ancrage marquants de cette distance focale. Le monde des Idées, la puissance de la Dioptrique ou la dialectique de la Raison sont des traductions spéculatives de l'Un. L'œil reste dans ces conditions un prisme à partir duquel il est possible d'envisager l'unité de l'image ; le point focal de l'œil marquant la recherche de l'unité.

L'œil s'inscrit ainsi dans une sorte d'idéologie du continu officialisée par Aristote : « C'est avec Aristote que le langage de la continuité devient le langage officiel de la philosophie[213]... » Cela ne veut pas dire que le cycle de la continuité des connaissances commence à Aristote, mais plutôt que la pensée aristotélicienne a formalisé cette continuité à travers les *Catégories* et les notions de quantité, qualité, relation, modalité, ou à partir des *Analytiques* avec les principes d'identité, de non-contradiction, de tiers exclus, ou les formes et propriétés des syllogismes. Mais la folie de l'œil est tout autre chose ; elle s'affirme d'abord comme l'expression de ce que Blanchot et Bataille appellent l'expérience-limite.

L'expérience-limite est la mise en mouvement de l'inconnu de la pensée. Comme nous l'avons vu précédemment, cet inconnu n'est ni un impossible à connaître (l'impossibilité de répondre à la question parménidienne : « Qu'est-ce que l'Etre ? »), ni un futur connaissable (ce que la connaissance scientifique nous permettra de connaître plus tard), mais un inconnu en tant qu'inconnu. Le mouvement de

---

[212] L'étymologie du mot 'intuition' nous le signale puisque *intueri* en latin se traduit par 'regarder avec attention'.
[213] Maurice Blanchot, *L'Entretien infini*, Paris, Gallimard, 1969, p. 7.

cet inconnu que l'expérience-limite libère s'inscrit en fait dans un mouvement à trois temps. Il y a d'abord le « parler ce n'est pas voir » que Foucault résume par la formule : « L'être du langage n'apparaît que dans la disparition du sujet[214]. » L'écrivain appartiendrait à un langage que personne ne parle ; l'expérience-limite lui offrant le moyen de lutter contre la mystification de la philosophie du langage qui prône l'unification et la primauté de la formulation que l'on retrouve dans la formule de Wittgenstein : « Ce dont on ne peut parler, il faut le taire[215]. » C'est justement ce que condamne Blanchot d'ailleurs : « Le 'mysticisme' de Wittgenstein, en dehors de sa confiance dans l'unité, viendrait de ce qu'il croit que l'on peut *montrer* là où l'on ne pourrait *parler*. Mais, sans langage, rien ne se montre. Et se taire c'est encore parler. Le silence est impossible. C'est pourquoi nous le désirons.[216] » Vient ensuite la question du Neutre affirmant la supériorité du 'il' sur le 'je' et le 'tu'. Et en dernier lieu l'idée que le dehors est le proche à travers la figure de l'étranger. En d'autres termes, l'expérience-limite nous oblige à choisir entre le discontinu de la ligne infinie et l'achevé et le répétitif du cercle continu. Ces trois moments s'inscrivent en fait dans les variations de cet inconnu en tant qu'inconnu que l'expérience-limite révèle et que la folie de l'œil mesure.

Avec la folie de l'œil, apparaît au contraire le refus de la continuité que le flou 'mesure'. Et si la mesure du flou est possible, c'est justement parce que la folie de l'œil est multiple ; la plus intéressante n'étant pas toujours la plus visible. L'œil n'a pas pour seule vocation de voir selon les lois optiques. Il creuse aussi des souterrains pour fouiller les contours de tout ce qui se refuse à la vision ; la folie de l'œil étant justement celle qui touche le creux des choses.

Dire de l'œil qu'il voit en creux, cela ne signifie pas qu'il perçoit l'invisibilité des choses mais plutôt que sa vision s'inscrit dans le mouvement discontinu de l'intermittence des

---

[214] Michel Foucault, *La Pensée du dehors*, Saint-Clément-la-Rivière, Fata Morgana, 1986, p. 15.
[215] Ludwig Wittgenstein, *Tractatus logico-philosophicus*, Paris, Gallimard, coll. Idées, 1972, p. 177.
[216] Maurice Blanchot, *L'Ecriture du désastre*, Paris, Gallimard, 1980, p. 23.

choses. L'œil fou voit par discontinuité et par rupture. Sans être pour autant malade ou difforme, il dénude plutôt ce qu'il entraperçoit. Et quand l'œil fouille, ce n'est pas pour chercher à comprendre les origines du monde. On sait depuis longtemps qu'il n'y a rien à voir dans la scène primitive parce que tout ce qu'elle montre a déjà été vu avant même que cela commence. Elle n'en reste pas moins intéressante dans la mesure où elle joue sur les interstices entre la vision d'une réalité et la folie dans laquelle nous plonge la vue de cette réalité.

La scène primitive ne met pas en spectacle l'acte sexuel ; elle l'agence selon des modes de production Elle n'est pas un sujet de désir mais un objet de production dans lequel le spectacle n'est pas écrit à l'avance. Ce lieu de production échappe en fait à la mesure de l'homme. La folie s'inscrit alors dans cette impossibilité pour l'homme de contenir la quantité de matières produites. S'il n'y a rien à voir dans la scène primitive, ce n'est pas parce que l'œil ne peut tout voir, mais parce qu'il peut se passer de la vision. Blanchot n'est pas le seul à montrer les limites de la scène primitive. Maurice Merleau-Ponty insistait déjà dans sa *Phénoménologie de la perception* sur les lacunes de la conception freudienne. Et même si la perspective de Merleau-Ponty n'est pas celle de Blanchot, ils restent d'accord sur le fait que la vision d'une chose n'est pas la connaissance de cette chose. « *Bien concevoir cet acte* » pour reprendre la formule de Merleau-Ponty, cela signifie entrer en contact direct et *immédiat* avec l'acte, mais ce n'est pas pour autant l'assumer, l'utiliser ou réfléchir sur la distance qui sépare l'acte de celui qui commet l'acte pour le transformer en une *opération de connaissance* : la ressemblance d'une chose n'étant pas la représentation de cette chose.

Dans le cadre de la folie de l'œil, voir de manière discontinue, cela ne veut pas dire voir et ne plus voir, ou voir net puis flou selon que l'œil règle plus ou moins son cristallin. La vue n'est pas seulement la diffusion d'un flux continu d'images ; elle peut aussi s'agencer au rythme des ruptures qu'elle provoque. L'œil habité par la folie n'habille pas les objets qu'il voit ; au contraire, il les dénude parce que l'être reste insaisissable, et, si d'aventure l'être est circonscrit, il l'est par le cadre optique de l'expérience.

Là où l'œil fou dénude, l'œil savant, lui, recouvre. On retrouve le même balancement avec l'acte de nomination dans le *principe du desserrement* chez Homère par exemple : plus les héros parlent, plus ils s'éloignent de ce dont ils parlent, et avec les héros de *L'Iliade*, c'est du combat qu'ils s'éloignent, autrement dit plus ils parlent moins ils combattent. Dans le champ de la vision, cela revient à envisager l'œil savant comme ce qui recouvre ce qu'il voit pour en faire un objet de savoir, mais ce recouvrement reste fortuit. Au contraire, le non-savoir que provoque la folie de l'œil n'est pas l'absence de sens mais l'acceptation de la discontinuité et de l'indétermination des choses : « Quand je sollicite doucement, au cœur même de l'angoisse, une étrange absurdité, un œil s'ouvre au sommet, au milieu de mon crâne. Cet œil qui, pour le contempler, dans sa nudité, seul à seul, s'ouvre sur le soleil dans toute sa gloire, n'est pas le fait de ma raison : c'est un cri qui m'échappe.[217] »

À la fin du *Temps retrouvé*, Proust creuse cette question de la nature singulière d'une vision dont la première mission serait de ne pas voir mais de mettre en perspective, peindre qu'on ne voit pas pour reprendre notre thématique précédente plus que peindre ce qu'on ne voit pas. Il se demande quel livre cette recherche lui permettrait d'écrire, et finit par reconnaître que l'acte d'écriture serait comme un verre, par nature, grossissant et déformant : « ... mon livre n'étant qu'une sorte de ces verres grossissants comme ceux que tendait à un acheteur l'opticien de Combray ; mon livre, grâce auquel je leur fournirais le moyen de lire en eux-mêmes.[218] » L'écriture est à l'échelle de ces verres grossissants donnés au lecteur pour qu'il saisisse ce qu'il a sous les yeux mais qu'il ne voit pas. Et la question n'est même plus de se demander par quel bout prendre la lorgnette puisque, par le petit bout ou le grand bout, les lois d'optique restent les mêmes. Seul change l'effet produit. Mais, il ne s'agit pas de mettre des lunettes pour voir ce que Proust nous donne à voir de près et que le lecteur ne voit pas

---

[217] Georges Bataille, *L'Expérience intérieure*, Paris, Gallimard, coll. Tel, 1979, p. 92.
[218] Marcel Proust, *Le Temps retrouvé*, Paris, Gallimard, coll. Folio, 1978, p. 424.

de loin ; au contraire, il convient de trouver les verres grossissants qui nous permettront de comprendre pourquoi on ne peut pas voir la réalité que l'on a sous les yeux autrement que flou, l'écriture étant l'acceptation de ce flou devenu l'échelle de la réalité et le témoignage de cette prise de conscience. Lire *Le Temps retrouvé* pour comprendre enfin que l'écriture n'a pas pour vocation de rendre clair ce qui est difficile à comprendre, mais de continuer à laisser le flou mesurer la réalité de notre quotidien.

En oubliant les lois de la dioptrique et en enfilant ces verres grossissants, Proust permet à l'œil, non pas de voir autrement mais d'accepter les défauts de sa vision. Vision différente, usage autre de l'œil, cette intention se trouve chez chaque artiste qui résiste aux lois d'optique. Proust propose la sienne, de même que Bataille propose la sienne dans son *Histoire de l'œil*.

Ce récit daté de 1928 et écrit sur les conseils de son psychanalyste, Adrien Borel, pour accompagner sa brève cure est publié à la mort de l'écrivain en 1962 sans qu'il ait officiellement reconnu ce texte. Bataille va dans cette histoire, qui n'est pas réellement une histoire, au plus près cette folie de l'œil. Moments d'écriture autant que séance thérapeutique, ce texte est l'occasion rêvée pour lui d'aborder une autre dimension de l'œil, dimension non plus géométrique mais charnelle. L'œil passe de sa fonction instrumentale à une fonction sexuelle.

Ce texte, qualifié de pornographique à l'époque, s'organise autour de souvenirs d'enfance, de lectures de Sade et de Lautréamont, et de fantasmes plus ou moins morbides. Il raconte les pratiques fétichistes et sado-masochistes du narrateur avec Simone, Marcelle, Sir Edmond… Mais il n'est pas question d'héroïnes ici ; plutôt de sexes qui se branlent, de pratiques nécrophiles et scatologiques, de conduites bestiales, de corps torturés, de scènes d'orgie, d'humiliation et de meurtres ; le tout pris dans le délire hallucinatoire extrême de son auteur.

Bataille, à travers ce récit qui n'est ni une histoire de l'œil, ni l'histoire d'un œil, joue jusqu'à l'épuisement et la mort avec la figure de l'ovale et du rond. Ces formes, tour à tour, œil, œuf, testicule, fesse, sein, sont l'occasion de transgressions sexuelles et verbales : « Elle jouait gaiement sur les mots, disant tantôt *casser un œil*, tantôt *crever un œuf*, tenant d'insoutenables raisonnements... Chacune de ses fesses était un œuf dur épluché.[219] » Autant forme qu'objet, l'œil ne se limite pas à ce qu'il voit ; il est aussi une rotondité à l'origine d'une sensualité très forte. D'objet voyant à objet sexuel, l'œil ne cherche pas pour autant à recomposer une scène primitive, aussi bien dans ce texte que dans *Ma Mère* d'ailleurs. Bataille précise en fait son intention dans un plan qui fait suite de l'*Histoire de l'œil* quand il imagine Simone à 35 ans dans les camps de la mort : « Le bourreau la frappe, elle est indifférente aux coups, indifférente aux paroles de la dévote, perdue dans le travail de l'agonie. Ce n'est nullement une joie érotique, c'est beaucoup plus. Mais sans issue. Ce n'est pas non plus masochiste et, profondément, cette exaltation est plus grande que l'imagination ne peut la représenter, elle dépasse tout. Mais c'est la solitude et l'absence de sens qui la fondent.[220] » L'œil ne se fait pas voyeur et il n'éprouve aucune jouissance à regarder des scènes sadomasochistes. Il sacralise plutôt ce qu'il voit, mais sacraliser pour l'œil, ce n'est pas faire de la vue une vision extatique. L'œil n'est pas sacré, il est fou, et sa folie lui permet d'échapper au moi individuel, empirique et construit.

La folie de l'œil qu'évoque Bataille n'a rien à voir avec les visions mystiques et folles de sainte Thérèse d'Avila. Avec lui, l'œil sacralise, mais uniquement au sens où il revendique le renversement du cours des choses, seul moyen d'effleurer l'inconnu et le discontinu. Le renversement chez Bataille consiste, non pas à aller au-delà des choses mais à revenir à leur en deçà. C'est pourquoi l'œil ne délimite pas un champ de vision. Il n'a pas pour finalité d'unifier les choses ou de leur donner une cohérence. Il instaure plutôt une expérience intérieure dont la mission essentielle est de faire tomber l'ordinaire des choses, leurs limites. Faire tomber les limites de l'ordinaire, non pour en recréer d'autres, mais pour justifier la violence de cette sacralisation.

---

[219] Georges Bataille, *Histoire de l'œil*, Paris, 10x18, 2002, pp. 126-127.
[220] *Ibidem*, p. 180.

Dans *Le Coupable*, Bataille évoque l'idée que la seule loi qui permet d'unir les êtres humains est celle qui prône blessures et déchirures[221]. L'œil, en voyant, déchire et décompose les choses, et la seule manière de saisir l'extase de *l'expérience intérieure* est de comprendre la dynamique de cette violence. Il faut alors rompre avec le processus spéculatif et cumulatif de la connaissance pour avoir une chance d'entrapercevoir les failles du non-savoir, ses déchirures, ce que réussit à faire d'ailleurs la folie de l'œil quand elle est en creux. L'œil se renverse, il se révulse en fait, non par perte de connaissance, mais parce que le rire, la contestation et la supplication, le poussent à l'extase.

En perdant les limites de l'objet, l'œil gagne sa démesure et voit dans la déchirure l'instant crucial du point de non-retour, l'instant où la chute devient un sacrifice essentiel. La limite n'est pas anéantie ; elle est simplement recomposée pour aller vers un en-deçà et non un au-delà du négatif. Et lorsque Bataille évoque la négativité, il la définit comme quelque chose qui serait sans emploi[222], le contraire de Hegel en fait pour qui la négativité obéit à un mouvement dialectique.

Cette démesure liée au mouvement de la négativité sans emploi est possible parce que la jouissance vient, non pas de ce que l'œil nous donne à voir, mais de sa transformation en organe charnel. L'œil alors nous désapprend à voir. Le plaisir de l'œil ne serait plus spéculatif mais à l'échelle de sa démesure sexuelle ; l'*Histoire de l'œil* étant l'histoire de cette démesure et désorganisation sexuelle. Mais, ce n'est jamais ce que voit l'œil qui intéresse Bataille mais ce qu'il touche. La folie de l'œil serait là ; elle ferait perdre à l'œil sa vision. Ce toucher n'a rien de commun avec le plaisir du voyeur se 'touchant' en regardant la sexualité des autres. Et l'on comprend mieux en lisant ce récit ce que veut dire l'expression 'organe de la vision' pour qualifier l'œil.

L'œil est organe visuel parce qu'il est d'abord organe sexuel, non seulement parce que la sexualité se donne à voir,

---

[221] Georges Bataille, *Le Coupable. Œuvres complètes*, tome V, Paris, Gallimard, 1973, p. 308.
[222] *Ibidem* p. 369.

mais surtout parce que l'œil prend une forme sexuelle fantasmée. Ce que l'on voit se substitue à ce que l'on fait. Mais, l'extase n'est pas proportionnelle à ce que l'œil donne à voir. Quand il donne à voir, il ne donne à voir que ce qu'il ne peut accomplir sexuellement. Par contre, dès qu'il s'accomplit sexuellement, dès qu'il passe à l'acte diraient les psychanalystes, sa perte de conscience le mène à l'extase, l'inconnu, l'inachèvement et la folie. Et peu importe que le récit soit fantasmagorique ou non : l'essentiel est de comprendre la place sexuelle que l'œil occupe. L'œil comme organe sexuel devient organe essentiel pour saisir le caractère sacré du monde. C'est la raison pour laquelle cet œil qui voit, qui se masturbe, et qui éjacule, ne peut obéir aux lois d'optique. Il évacue tout champ de vision ; son point aveugle est bien à la mesure de sa sexualité. Le point aveugle de l'œil dans sa folie serait en réalité l'absorption de l'existence.

Cette histoire de l'œil renvoie, comme un écho, à un autre texte plus tardif : *L'Expérience intérieure*, lorsque Bataille établit un parallèle entre l'entendement et le point aveugle pour expliquer la fonction de l'entendement chez Hegel. Mais contrairement à ce qu'écrit Bataille, le point aveugle de l'œil n'est pas sans conséquence puisque c'est à partir de lui que la vue est possible, et c'est là son paradoxe. Pour Bataille, la tache aveugle de l'entendement a plus de sens que l'entendement lui-même dans la mesure où elle n'est pas l'auxiliaire de l'action mais la possibilité même de l'action. L'action se perd dans la tache aveugle de l'entendement ; c'est toute la portée de l'expérience-limite[223]. C'est pour cette raison que le thème du non-savoir chez Bataille est ce qui rend le savoir possible. En fait, pour Bataille, le point aveugle n'est pas un point de convergence de l'œil, mais un point d'absorption de l'entendement : « J'explorerai la nuit ! Mais non, c'est la nuit qui m'explore.[224] »

Mais Bataille se réapproprie-t-il pour autant, jusqu'à la transgresser, l'intention cartésienne pour qui le toucher serait le modèle de la vision si l'on reprend la formule de Merleau-

---

[223] Georges Bataille, *L'Expérience intérieure*, Paris, Gallimard, coll. Tel, 1979, p. 129.
[224] *Ibidem*, p. 130.

Ponty dans *L'Œil et l'esprit* ? L'œil ne verrait plus ; il toucherait. Il faut toutefois préciser que lorsque Merleau-Ponty envisage la vision chez Descartes sur le mode du toucher, il force légèrement l'intention du philosophe qui se contente d'affirmer, dans le Premier discours de *La Dioptrique*, que : « … ceux qui, étant nés aveugles, s'en sont servis toute leur vie […] qu'on pourrait quasi-dire qu'ils voient des mains, ou que leur bâton est l'organe de quelque sixième sens, qui leur a été donné au défaut de la vue.[225] » Une chose est de faire du toucher le modèle de la vision comme l'envisage Merleau-Ponty, une autre est de dire que les aveugles sont des quasi-voyants tellement ils 'voient bien' avec leurs mains. En fait, dans *La Dioptrique* Descartes reste dans le champ de la perception de l'étendue. Mais, en raisonnant comme un géomètre, il manque la qualité première de l'espace en contournant la profondeur, et c'est ce que lui reproche Merleau-Ponty.

*La Dioptrique* se présente finalement comme l'impossibilité de saisir la profondeur des choses et de manquer l'empiétement entre le visible et l'invisible comme si Descartes avait eu peur d'entrer dans l'intérieur des choses, d'aller au bout du toucher pour préférer le modèle optique de la réfraction en vue de saisir les lois du monde. Il voit l'espace sans saisir l'être de l'espace. Il comprend la ligne sans atteindre ses aventures pour reprendre l'intention de Michaux. Descartes aurait échoué sur l'essentiel : comprendre la présence des choses. Il voit des corps sans comprendre comment ces corps habitent le monde. L'erreur de Descartes est d'avoir renoncé à habiter le monde et d'avoir oublié son corps ; deux reproches que l'on retrouve dans les deux premières phrases des deux premiers chapitres de *L'Œil et l'esprit*. Mais l'erreur de Descartes la plus grave pour Merleau-Ponty est d'avoir oublié que la profondeur n'est pas seulement une dimension mais une présence, une puissance voyante en fait : « La profondeur ainsi comprise est plutôt l'expérience de la réversibilité des dimensions, d'une « localité » globale où tout est à la fois, dont

---

[225] René Descartes, *La Dioptrique*, *Œuvres et lettres*, Paris, Gallimard, coll. La Pléiade, 1970, p. 182.

hauteur, largeur et distance sont abstraites, d'une voluminosité qu'on exprime d'un mot en disant qu'une chose est là.[226] »

Le fait que Merleau-Ponty a été retrouvé mort le 31 mai 1961 à son bureau avec, devant lui, *La Dioptrique* ouverte est symptomatique de la fascination qu'exerça sur lui cette question de l'espace. Étonnante situation que celle d'un philosophe s'interrogeant sur le mystère du couple visible-invisible devant le texte d'un autre philosophe limitant sa vision de l'espace aux limites des lois d'optique. Lorsque Merleau-Ponty fait de la vision un point de rencontre « comme à un carrefour, de tous les aspects de l'Être[227] », il comprend les enjeux de l'œil. En reprenant la formule du *Parménide* de Platon selon laquelle l'étranger serait au carrefour de l'Être, Merleau-Ponty montre que « La vision n'est pas un certain mode de la pensée ou présence à soi : c'est le moyen qui m'est donné d'être absent de moi-même, d'assister du dedans à la fission de l'Être, au terme de laquelle seulement je me ferme sur moi.[228] » C'est sur cette folie de l'œil qui apparaît au contraire comme le refus de la continuité que le flou 'mesure' que Bataille rejoint Merleau-Ponty. Et même s'ils font tous les deux une lecture différente de ce que l'œil se donne à voir, ils restent sur la même perspective tracée par Nietzsche dans le *Gai Savoir* quand le philosophe allemand écrit que le génie est myope ; presbyte aurait-il dû dire, puisque si le myope perçoit clairement ce qui est proche et confusément ce qui au loin, le presbyte, lui voit clairement ce qui est loin et confusément ce qui est proche. La folie du génie serait là… continuer à voir flou avec ou sans lunette.

**Alain Milon**

---

[226] Maurice Merleau-Ponty, *L'Œil et l'esprit*. *Œuvres*, Paris, Gallimard, coll. Quarto, 2010, p. 1614.
[227] *Ibidem*, p. 1625.
[228] *Ibidem*, p. 1623.

## Chapitre 7

# Connaissance par le flou & suspensivité
## La littérature moderne

**Focales mouvantes. Littérature, fauteur de trouble**

Il m'intéresse d'explorer certaines zones obscures des récits littéraires du point de vue d'une anthropologie des devenirs ou « modale ». Le problème du flou ne désigne-t-il pas ce qui résiste à l'abstraction et par conséquent à la conceptualisation ? A vrai dire, il y a comme une gageure à parler du flou en termes rationnels et clairs ; précisément une certaine création littéraire évite un tel piège réducteur par rapport à la richesse de l'expérience vitale du flou, en déplaçant l'expression dans les interstices de la signifiance, dans l'elliptique, dans une poétique de la suspension et de la singularité.

Dans *l'espace littéraire* s'énoncent en effet des événements expressifs, poétiques, et politiques, sur *l'état de la subjectivité* de la société à travers des parcours singuliers. C'est la « production de subjectivité[229] » qui nous intéresse, c'est-à-dire la potentialité d'imagination qui traverse une société donnée et la transforme. Par la création littéraire ou artistique, s'exprime et se glisse quelque chose que les sciences humaines, ou la

---

[229] Félix Guattari, « De la production de subjectivité », in revue *Chimères* n° 4, Paris, 1987.

philosophie, ne peuvent sans doute pas véritablement nous faire ressentir, ni vraiment nous faire saisir. Je veux dire cet impondérable, ou cet *insaisissable* du « je-ne-sais-quoi » dont parle admirablement pourtant le philosophe singulier qu'était Vladimir Jankélévitch[230], à propos de la création musicale qu'il aborde. Autrement dit ce *moment de flou* dans lequel peuvent nous transporter les arts expressifs. Nous ne pouvons guère le ressentir, à ce point du moins, en lisant des textes de conceptualisation théorique, ou éventuellement d'une tout autre façon. Ce qui m'intéresse avec la littérature, c'est le livre comme *fauteur du trouble* - comme dit Annie Le Brun[231], épiloguant sur des écrivains comme Sade, Jarry, Dante, Breton, etc. Cependant, on peut jouer la limite entre l'abstrait et le sensible en la déplaçant, en *interférant*, en produisant un plan de composition des hétérogénéités, en *juxtaposant* des modalités expressives étrangères.

Il me semble que la littérature dite moderne a la capacité d'exprimer les zones d'indiscernabilité de l'être dans la variation des contextes ; c'est ce qui en fait toute la richesse d'ailleurs. Comme l'explique Martha C. Nussbaum[232], les émotions suscitées par la littérature nous aident à ressentir *l'effet que ça fait de vivre la vie d'un autre*, ou bien d'un autre contexte, d'une autre culture, ou d'une autre rêverie aussi. Une imagination empathique va à l'encontre d'un intellect trop abstrait, calculateur, et myope devant l'insaisissable du réel. Néanmoins, cette empathie est celle d'un spectateur distant et quelque peu impartial, puisque son propre destin n'est pas en jeu normalement. La lecture de la littérature moderne nous offre la subversion d'un tel décalage, car immédiatement *la multiplicité des points de vue* est en jeu dans la fiction littéraire, l'écrivain et le lecteur peuvent *changer les focales* au gré des personnages et des situations mouvantes. Il est rarissime qu'un

---

[230] Vladimir Jankélévitch, *Quelque part dans l'inachevé*, Paris, Gallimard, 1978. *Cf.* chapitre « Balbuciendo ».
[231] Annie Le Brun, *De l'éperdu*, Paris, Stock, folio essai, 2000. A propos de Sade elle écrit p. 106 : « « Principe de délicatesse » : qui détermine aussi bien son inimitable « façon de penser » sur le respect intransigeant de la singularité du désir au point de subvertir toute hiérarchie extérieure et intérieure. »
[232] Martha C. Nussbaum, *L'Art d'être juste*, Paris, Climats, 2015 (traduction).

seul point de vue capitalise un roman ou un poème ; c'est plutôt le contraire qui est envisageable dans une traversée des subjectivités, même si une trame thématique est à l'œuvre. Cela induit des dispositions narratives dissipatives où *le sens flotte,* où la « signifiance » règne, comme dit Roland Barthes, avec une pluralité sémantique des choses où chaque lecteur a la possibilité de se faufiler par sa propre imagination. Un tel mode expressif opère à travers une conjugaison de la fugacité des images mentales et de l'indétermination du sens qui n'est pas fixé une fois pour toutes, mais *qui n'en fait pas moins sens.*

La multiplicité des focalisations et des énoncés, la traversée des regards, s'accompagne d'une *esthétique du flou* au cœur même de *la création* littéraire, mais aussi dans les pratiques liseuses, comme les nomme de Certeau. Du moins, avec le corpus des auteurs qui nous intéressent, l'émotion éprouvée plus ou moins brute ou subtile, aboutit à une sensation de flou et de trouble du réel. Je pense en particulier au Polonais Witold Gombrowicz et ses métamorphoses du désir, ses enivrements de l'imagination, à l'Américain Don Delillo et son immersion émotive, déchirée, à Bruno Schulz (Juif polonais assassiné par les SS) et son imaginaire fantastique baroque et torturé à la fois, au Français Patrick Modiano et ses subtiles sensations de perdition dans les espaces-temps, et à Joe Bousquet et son champ magnétique de réflexions poético-ontologiques.

Des écrivains certes très différents les uns des autres par leur style, leur époque, leur lieu, leur imaginaire ; donc un corpus arbitraire s'il en est qui va dans le sens éclectique de mes goûts littéraires. Mais pas seulement, car chez tous il y aurait une attraction pour des ensembles flous, des trous noirs, des zones de voisinage, l'antimatière. Ils sont comme des sortes d'*astronomes de la littérature.* Ils engendrent consciemment ou innocemment, une *zone de bifurcation,* comme le repère Gilles Deleuze (pour la science avec Prigogine et Stengers), ou antisystème par excellence, un patchwork où personne n'a de privilège en l'occurrence.

C'est le domaine de l'imaginaire, mais à condition de ne pas clôturer celui-ci dans des structures par trop rigides, puisqu'il est mouvant, changeant, en devenir rapide ou lent selon les contextes. Selon l'anthropologue Maurice Godelier, il y aurait un primat de l'imaginaire sur le symbolique, car, pour lui, « objets sacrés et objets précieux (en anglais : *valuable*) sont d'abord et avant tout des objets de croyances, dont la nature est imaginaire avant d'être symbolique[233] », contredisant ainsi tout le post-structuralisme. Or c'est à travers des récits qu'on saisit en actes le travail de l'imaginaire, puisque les hommes sont « l'espèce fabulatrice » par excellence, comme dit Nancy Huston[234]. Certes, pour Gilles Deleuze, nous avons là une notion complexe, car « l'imaginaire ce n'est pas l'irréel, mais l'indiscernabilité entre le réel et l'irréel[235] » écrit-il. On reviendra en conclusion sur les enjeux contemporains de l'imaginaire à partir du savoir du flou prodigué par la littérature.

Avec les auteurs choisis, nous avons des variations littéraires s'il en est, qui confirment que la fiction est une fauteuse de trouble dans tous les sens du dernier terme. Car ces textes introduisent à la fois *le flou*, par conséquent *l'indiscernabilité* liée aux mélanges, *l'événement bouleversant* qui fait basculer la réalité vers ailleurs, et *l'émotion*, parfois la confusion des affects interférant dans la rationalité. Alors le flou lové dans l'écriture, mais aussi perçu par le lecteur, devient l'expression de ces états de trouble qui travaillent les subjectivités individuelles ou collectives en jeu à travers la trame littéraire.

Car *la perception du réel* serait toujours instable, imparfaite. Ce pourquoi certainement les formes floues, *traduisent* ou *expriment* au mieux ce réel inachevé, troué de toutes parts. Le flou est naturel, il est partout œuvrant dans le vivant. Il s'agit d'intégrer les dimensions du fugace, de l'indéterminé, de l'émotion, dans une *climatologie* en tant que science esthétique de l'incertain.

Je stipule dans ce texte qu'il existe *une connaissance par le flou* transitant particulièrement par la littérature, en l'occurrence celle dite « moderne » qui a entretenu puissamment un tel

---

[233] Maurice Godelier, *Au fond des sociétés humaines*, Paris, Flammarion/Champs, 2010, p. 80, et il précise : « dans la mesure où ces croyances portent sur la nature et sur les sources du pouvoir et de la richesse qui, partout, ont eu pour une part un contenu imaginaire ».
[234] Nancy Huston, *L'espèce fabulatrice*, Arles, Actes Sud, 2008.
[235] Gilles Deleuze, *Pourparlers*, Paris, Minuit, 2003, p. 93.

paradoxe. Puisque dans les récits romanesques, si l'on peut dire, que nous allons aborder, il y a *une précision de l'imprécision*. Comme le disait le poète Guillevic, il s'agit d'être précis pour dire l'imprécision avec des mots imprécis, et j'ajouterai parfois même avec des termes précis. Comme on le sait, en mathématiques, il y a des ensembles flous qui permettent la résolution de problèmes insolubles, car ces « ensembles » introduisent *du jeu* dans un dispositif logique par trop rigide. Dans la littérature, à l'évidence, il y a une *folie du flou* qui travaille le langage, les images à l'œuvre, les subjectivités affectées (Joyce, Woolf, Duras, Modiano, Hemingway, Kafka, Faulkner, Proust). On serait de plain-pied dans l'espace propre ou impropre (comme on voudra) d'un mode de connaissance par le flou.

L'expression du flou devient une machine de guerre contre le cartésianisme (éventuellement distinguable de Descartes ?) supposé de l'esprit rationnel français, c'est-à-dire le culte de l'idée claire et distincte que nous avons intégré dans notre périple scolaire comme valeur suprême du savoir, excluant toute autre possibilité d'intelligence, sensible, concrète, poétique, ou plus obscure, plus insaisissable. Mais aussi bien l'expressivité du flou dans les arts s'oppose à l'irrationnel dans ses versions ésotériques, ou les croyances qui stipulent une souveraineté absolue du sujet, de la liberté, ou de dieu. Paradoxalement, le mode du flou est une forme de discernement échappant aux déterminismes du rationalisme et du systémique, et aux irrationalités *new age*, branchées, débilitantes. Il s'agit d'une autre forme de compréhension, une autre appréhension du réel et du monde visible et invisible, intégrant la question fondamentale du *point aveugle*, comme limite à la *theoria*, à toute contemplation ou vision externe ou interne à soi. Ainsi, chez Henri Michaux il y avait une « connaissance par les gouffres », nous aurions une connaissance par les flous, ce qui est moins douloureux mais tout aussi énigmatique après tout.

Maurice Merleau-Ponty parlant du cinéma remarque que « jamais dans le réel la forme perçue n'est parfaite[236] », par rapport à l'inscription des images du cinéma (classique ou réaliste du moins). Comme il le souligne, il y a toujours du *bougé*, des bavures, un excès de matière, ou bien des taches, des traces impures, dans le perçu du réel que nous opérons. N'est-ce pas ce qui se produit aussi avec la création littéraire ? Par rapport à la conceptualisation dite scientifique qui se veut hyper-rigoureuse, rationnelle, précise, il est certain que la littérature permet de faire passer un peu de ce *chaos* issu de ce réel excessif qui serait plein de taches, de bigarrures, de bavures, de tremblements, et de flous. Mais tout en restant précise, parfaitement expressive, même claire parfois, mais pas toujours, car la littérature peut revendiquer son obscurité comme le font Blanchot ou Bataille. Peut être, afin d'être au plus proche de la multiplicité du réel, faut-il transiter paradoxalement par des fictions littéraires (romans, récits, poésie, narrations réflexives parfois) qui expérimentent cette *imperfection du perçu*, par l'aléatoire, l'instabilité, les biffures, les pertes, les vertiges.

**Méthode de résonance**

Un mot aussi sur la démarche envisagée ici qui serait celle de la « méthode de la juxtaposition », c'est-à-dire essayer de trouver une modalité de pensée stimulée par la recherche de l'écrivain. Plutôt malmener l'œuvre que de la réifier en voulant la restituer intacte, dans sa teneur supposée, ou bien en l'interprétant et la dissolvant dans des modèles philosophiques ou de sciences humaines prêts à l'emploi. Donc *ni une exégèse* qui chercherait le sens enfoui du texte littéraire, *ni un commentaire* qui réémet le récit en le formalisant, mais en moins bien qu'en première lecture spontanée. Comme l'écrit Anne Sauvagnargues, à propos de Gilles Deleuze sur la « littérature mineure », il s'agit de permettre « une conception de la critique

---

[236] Maurice Merleau-Ponty, *Le cinéma et la nouvelle psychologie*, Paris, Gallimard / Folio, 2009, p. 22.

comme rencontre, par voisinage et convenance vitales, c'est-à-dire littéralement comme clinique, ou mode de vie[237] ».
J'ajouterai qu'il s'agit aussi d'une conception par *échos successifs* s'inscrivant dans un *continuum* de l'expérience. Puisqu'il s'agit de remonter d'une *expérience sensorielle* de la lecture jusqu'aux données d'un questionnement, en constituant une sorte de milieu vital des imaginaires se rencontrant dans l'interférence singulière d'une lecture poétique. Il s'agit donc pour moi très clairement d'une *méthode de résonance*. Dans la perspective d'une anthropologie modale, sensible, ou singulière comme je la nomme, on peut pratiquer des voisinages, des rencontres, des agencements, des demandes, donc un compagnonnage, avec la création littéraire, en respectant son irréductibilité expressive et sa propre *pensivité furtive* (on reviendra sur cette question en conclusion).

## Intervalles de l'altérité. Suggestion & scénopoïétique

Je commencerai par deux écrivains forts différents, d'une part le Polonais Witold Gombrowicz, et de l'autre le Français Patrick Modiano. Tous les deux de façon fort différente nous introduisent dans des interstices au cœur de l'ordinaire, à une dilatation du temps produite par leur récit. L'un étant passé maître à distiller le trouble, l'autre à insuffler le flou et le doute concernant les réalités narrées.

Prenons par exemple *La pornographie* de Gombrowicz, et allons sur quelques extraits. En effet dans ce roman au titre trompeur et ambigu publié en 1960, plusieurs passages mettent en scène le surgissement inopiné d'un *désir fantasque*, extravagant, bien que restant souterrain, obscur. Ainsi la scène où deux hommes adultes, Fréderic et le narrateur, font en sorte que se rencontrent deux jeunes gens, la fille Hennia et le garçon Karol, de telle façon qu'ils ont *l'impression d'offrir* la jeune fille au garçon. En tout cas, cette rencontre apparemment innocente de deux jeunes corps provoque moult désirs

---

[237] Anne Sauvagnargues, *Deleuze et l'art*, chapitre « Le goût pour la littérature », Paris, PUF, 2005, p. 20.

étranges et apparaissant sur des hommes mûrs s'ennuyant en province, donc débordant d'imagination. C'est tout l'art de Gombrowicz que de suggérer un *univers ambigu*, cérébral et farfelu, plein de folie, hantant la quotidienneté. L'écrivain étant passé maître dans l'art de *distiller le trouble* qui s'insinue dans les interstices de la vie sociale et des communautés aléatoires qui se forment et se défont. Son écriture est nerveuse, précise, très métonymique, elle insiste sur des détails prenant des dimensions hallucinatoires. Par exemple, à travers une séquence très simple où les quatre protagonistes jouent une scénographie subtile et impudique à la fois : dans une cour, la fille relève le bas du pantalon trop long du garçon, sur la suggestion de Frédéric, cela ne dure que quelques secondes ; mais ce simple geste et cette posture dans un lieu public, provoque une *tension* extraordinaire liée à une offrande fantasmée, à une impudeur complexe, à une effraction vertigineuse du désir dont chacun est conscient spontanément, et où chaque personnage joue une partition obscure.

Entendons le style percutant de Gombrowicz : « Il répéta - elle peut le faire, elle. L'impudeur de cette exigence - c'était comme de pénétrer en eux par effraction - recelait l'aveu : c'est ce que je veux, ce que je désire… il les introduisit ainsi dans la dimension de notre désir, du désir que nous avions d'eux. L'espace d'une seconde leur silence en frémit…[238] », ou encore « cependant le trouble où les mettait notre enivrement ; l'enivrement que nous avions d'eux en secret, les rendaient dociles. Ils ne pouvaient plus aller à contre-courant de la beauté que nous découvrions en eux. Et, au fond, cette docilité les arrangeait - n'étaient-ils pas faits pour la soumission ?[239] »

Le désir érotique est lié à une nudité fragmentaire, car quasiment invisible ou très partielle, insinuée, à une offrande sexuelle supposée, purement fantasmée. Il y a un *pouvoir de la suggestion* qui perturbe les codes de la bienséance, bien que rien ne soit ostentatoirement provocateur. L'inconvenance est

---

[238] Witold Gombrowisc, *La pornographie* (1960), Paris, Gallimard, Folio, 1995, p. 59.
[239] *Ibidem* p. 207.

subreptice mais bien réelle ; nous avons alors un érotisme par *effraction discrète*. En quelque sorte, une telle représentation de la perversion aboutit à une sorte de *perversion de la représentation* si l'on peut dire, mais de façon modulée, furtive, presque insignifiante, impressionniste. Nous sommes alors dans ce que j'ai nommé une *affectologie de l'érotisme*[240], la puissance du désordre se situe entre les mots et les images, dans les intervalles, dans *ce qui est suggéré,* virtuellement, dans les tournures poétiques du langage, ou dans une vacillation ontologique du sens. Ce qui anime Gombrowicz est *le jeu du trouble* et de *l'enivrement cérébral* dans des situations obscurément ébauchées, afin d'aboutir à un *désir de l'immaturité* qu'il revendique. Comme si c'était une atmosphère quasi insaisissable qui l'intéressait, bien que se situant dans des contextes prosaïques et microscopiques.

Toutes les scènes en question se perpétuent selon « une synthèse d'éléments hétérogènes constituant l'agencement scénopoïétique (hétérogénèse)[241] » pour reprendre une formulation du philosophe Eric Alliez. Autrement dit, il s'agit d'un nouveau *paradigme esthétique* induisant une *éthologie* humaine, puisque la vie et le monde se manifestent selon un dehors du dedans des environnements relationnels ; ou encore, on peut dire que le dehors se creuse pour attirer l'intériorité, mouvement singulier à des *espaces intersubjectifs.*

Pour Gilles Deleuze et Félix Guattari, « Le scènopoïète fait de l'art brut. L'artiste est scénopoïète, quitte à déchirer ses propres affiches[242] », tout comme beaucoup d'oiseaux qui seraient non seulement virtuoses mais artistes selon Olivier Messiaen qui enregistra leurs chants. On sait que le scénopoïète en effet est cet oiseau australien qui aménage une scène de parade en feuilles fraîches et passe le plus clair de son temps à chanter pour attirer les femelles ! Cette

---

[240] *Cf.* Alain Mons, « Transgression et détournement. Une affectologie de l'érotisme / littérature moderne », in publication colloque *L'Insulte,* Bordeaux, PUB.
[241] Eric Alliez, *La signature du monde,* Paris, Cerf, 1993, p. 94.
[242] Gilles Deleuze, Félix Guattari, *Mille plateaux,* Minuit, 1980, p. 389.

scénographie spéciale associe donc le chant musical et l'aménagement d'un lieu d'accouplement. On peut ajouter selon les deux philosophes-artistes : « C'est une question de consistance : le « tenir ensemble » d'éléments hétérogènes. Ils ne constituent d'abord qu'un ensemble flou, un ensemble discret, qui prendra consistance...[243] »

On voit cela à l'œuvre dans les romans de Patrick Modiano, il ne s'agit pas d'un pointillé érotique comme antérieurement, mais plutôt d'une précision du flou concernant la mémoire et les lieux de la ville. Prenons des romans comme *Des inconnues* (2000) ou alors *l'Horizon* (2010) ; il y a bien la proposition d'une *scénopoiétique* d'éléments disparates qui se rencontrent dans l'expérience spatiale du narrateur et du lecteur et se mêlent à l'occasion de la lecture. Cela aboutit bien à un plan de composition où le mouvement de la perte peut se déployer à loisir.

Car Modiano s'est toujours posé la question de la perdition dans la grande ville, en l'occurrence Paris. On est bien dans un *processus d'individuation* (Simondon), puisqu'il y a agencement entre un individu avec des milieux associés de telle manière qu'il se forme et se construise. Or, chez Modiano, c'est un peu différent, puisque dans l'interaction avec les milieux qu'il traverse l'individu se défait en quelque sorte, en tout cas la mémoire fait retour irrésistiblement mais dans une défaillance d'elle-même, une fragilité du réel.

Prenons par exemple le récit intitulé « Des inconnues », la narratrice, est dans le métro parisien : « La rame s'est arrêtée. Ils m'ont bousculée, mais j'ai pu me dégager en me laissant emporter par ceux qui sortaient des wagons. Je me suis retrouvée à l'air libre. De nouveau j'étais vivante. Je me répétais à haute voix mon prénom, mon nom, ma date de naissance, pour me convaincre que c'était moi[244] »... Le trajet de la rue de Rennes, Vaugirard, jusqu'aux Champs-Élysées, par le métro : flot, flux, dissolution dans la foule, mouvement brownien de précipitation ; le personnage féminin est étourdi,

---

[243] *Ibidem* p. 398.
[244] Patrick Modiano, *Des inconnues,* Paris, Gallimard/ folio, 1999, p. 123.

éperdu, elle se répète son nom pour vérifier si elle a n'a pas perdu son identité.

Chez Modiano, la ville est un labyrinthe où nous expérimentons l'art de se perdre, aussi bien physiquement que de façon mnésique, et plus largement imaginaire. En même temps, cette *façon de se perdre* est un mode de vie permettant d'intégrer les multiplicités à l'œuvre, autrement dit les « plurivers » où se mirent mille reflets, où travaillent mille illusions. Dès lors, ce que je nommerais les *vicariances ontologiques* se déploient plus aisément dans des zones indéterminées, ou bien dans des chicanes, ou des plis, aux creux des villes telles que les narrent Modiano.

Ce sont des zones de *l'être-là–et-ailleurs* en quelque sorte, ou le *dasein* serait *déplacé*. Etre simultanément *présent et absent*, telle est la condition postmoderne, et peut-être humaine de tout temps ? Ainsi l'anthropologue Albert Piette[245] définit-il l'espèce humaine comme celle qui est capable de distraction de soi, d'une capacité cognitive multipliant les lieux de sa présence imaginaire. Or les affects liés aux phénomènes apparaissant et disparaissant dans divers contextes évoqués, nous décalent indubitablement vers l'intime dans ce qu'il a de plus paradoxal comme nous l'avons vu.

Nous sommes alors dans les *phénomènes de la vicariance* telle qu'Alain Berthoz en neurophysiologie l'aborde, permettant au cerveau de s'adapter au monde extérieur de façon quasi permanente, par des opérations de décentrement, de changements de point de vue, de remplacement d'une fonction par une autre. Nous pouvons utiliser plusieurs stratégies mentales pour un même but, nous pouvons multiplier nos identités dans un monde virtuel. Il s'agit de *l'Infans* (Lyotard) : nous expérimentons en effet l'imagination dans un jeu des multiplicités environnantes.

La question de la mémoire, et des revenants, hante l'univers de Modiano. On se souvient en effet de romans comme *Rue des boutiques obscures, Dora Bruder, L'horizon*… Dans

---

[245] *Cf.* Albert Piette, *Anthropologie existentiale*, Paris, Petra, 2009, l'auteur écrit p. 14 : « c'est la manière d'être quotidien, toujours pénétré par d'autres choses que ce qui fait l'enjeu précisément de la situation. »

ce dernier livre (2010), comme toujours, un homme est aux prises avec le secret de la vie d'une femme qui se déploie dans les plis de la ville, en l'occurrence Paris, plutôt dans l'ouest de la capitale. Un personnage nommé Bosmans est fasciné par une femme (Margaret Le Coz) au passé trouble, par les rapports obscurs qu'elle entretient avec d'autres hommes et avec la ville comme refuge et labyrinthe : « Dans les plis secrets de ces quartiers-là, Margaret et les autres vivaient tels qu'ils étaient à l'époque. Pour les atteindre, il fallait connaître des passages cachés à travers les immeubles, des rues qui semblaient à première vue des impasses et qui n'étaient pas mentionnées sur le plan[246] »... Tout est dit de cette partie d'une ville clandestine, confidentielle : d'abord elle est hors plan donc insituable, elle se niche dans les creux des quartiers, elle est immuable et peuplée d'habitants hors du temps ; pour y entrer il faut prendre des passages, des chicanes, à travers des lieux qui ne mènent nulle part ; enfin l'accès est réservé à des initiés, à des nomades, des aventuriers et des rêveurs déambulant dans la cité. L'écrivain pressent une *autre ville* secrète qui est celle d'un labyrinthe de la mémoire dans lequel on se perd facilement avec Modiano, par la complexité des fils narratifs dans laquelle il nous entraîne en tant que lecteur. Les histoires sont sporadiques, lancinantes, obsessionnelles aussi, et aboutissent au sentiment d'une ville trouée à travers une mémoire qui se cherche, tâtonne dans l'entrecroisement et l'obscurité de l'Histoire et des multiples histoires[247].

## Zones de l'émotion & des décalages
## Une météorologie existentielle

Comme nous l'avons dit, la perception du flou dans la littérature se produit souvent quand advient une émotion mise en scène ou engendrée par les mots eux-mêmes. Alors toute une dilatation du temps, une vacance d'être, un entre-deux, se

---

[246] Patrick Modiano, *L'horizon*, Paris, Gallimard Folio, 2010, p. 51
[247] Sur ce sujet, *cf.* Patrick Modiano, *Un pedigree*, Paris, Gallimard, 2005. Cet écrivain ayant eu une enfance tortueuse comme l'explicite ce récit « autobiographique ». *Cf.* Chapitre 2 par Blanvillain de notre présent ouvrage.

conjuguent pour engendrer une sorte de flottement du réel, étant entendu que tout cela est de la fiction narrative. Il y a bien là une *dimension ontologique* de la littérature moderne notamment, qui est celle de la fugacité des choses, de l'attente et de l'oubli (Blanchot), d'une texture sensible du temps, et du chaos. Bref toute une *météorologie existentielle* sur laquelle nous allons venir à travers deux écrivains aux antipodes au premier abord, par leur style leur culture et leur époque, je veux dire l'Américain Don Delillo et le Polonais Bruno Schultz.

L'hétérogénèse dont nous parlions, ou cette espèce d'éthologie humaine concentrée dans un lieu, est bel et bien à l'œuvre dans un roman de Don Dillo, écrivain américain contemporain, intitulé *Point Oméga* - traduit en 2010. La *scènopoïétique* se produit dans un musée, le Moma à New York, lors d'une installation du plasticien Douglas Gordon intitulée « 24 hours Psycho », qui ouvre et ferme le récit. Les personnages se retrouvent à voir cette œuvre-performance puisqu'il s'agit d'une vidéo re-déroulant le célèbre film d'Hitchcock *Psychose* avec Anthony Perkins dans le rôle de Norman Bates. Dans le dernier chapitre du roman, le narrateur est un homme seul, il est dans la pièce où il revoit cette œuvre vidéo projetée en continu, revisitant le film originel seconde par seconde, plan par plan, selon une étrange et très lente gestation ; il est isolé dans le noir de l'espace d'exposition, de la projection. Soudainement, une voix de femme à sa gauche s'adresse à lui dans l'obscurité, *elle fait irruption* dans l'abandon de l'homme produisant une *émotion soudaine*. Alors que le spectateur est renvoyé à sa propre solitude dans l'interaction avec l'installation, une parole humaine improbable s'élève dans ce contexte séparé et lui parle. Cela déclenche une *émotion trouble*, comme si le feu et la glace se rencontraient et libéraient des forces. Là certainement se situe la subversion de la situation, puisque normalement lors d'une exposition chacun reste dans sa réserve spirituelle s'il est seul. La parole adressée et inattendue de la femme vient *casser* le dispositif de mise à distance propre à la projection cinématographique où les spectateurs restent confinés et comme pétrifiés.

Une *curieuse intimité* a lieu inopinément, une intimité de nulle part pourrions-nous dire avec l'auteur : « C'est alors qu'une voix s'éleva. « Qu'est-ce que je suis en train de regarder là ? » dit la voix. C'était la femme sur sa gauche, elle s'était rapprochée et elle s'adressait à lui, le jetant dans le trouble. La question lui fit regarder l'écran avec une intensité accrue…[248] »

On est bien dans l'événement d'une *rencontre* telle qu'elle puisse faire basculer l'existence, entre l'Autre et soi, et qui « produit un lieu propre à l'intime en déployant une subjectivité infinie[249] » comme l'écrit François Jullien. Le lieu de l'intime est donc *déterritorialisé*, décalé de son centre habituel, *l'intérieur est ailleurs*, et cela nous prend de court, peut sembler à la limite de l'inconvenance. En conséquence, une autre immersion des subjectivités se produit dans le noir et dans la proximité des corps invisibles, une attente d'un dire scandé par des silences, un *imaginaire entrelacé* à deux dans le musée, comme un-ensemble dans le noir de l'exposition. Ce *lieu de l'intime* qui surgit dans un espace public ou semi-public implique deux êtres qui *se lovent* de façon impromptue. Puisque l'intime dit paradoxalement à la fois le « retrait radical » et le « partage total » avec l'Autre, selon Jullien[250] ; l'on comprend bien dans la séquence de *Point Oméga* que des passages souterrains opèrent de l'un à l'autre précisément.

Ainsi Dellilo écrit : « Il avait envie de penser à eux deux comme deux âmes sœurs. Il s'imagina avec elle, se dévisageant longuement l'un l'autre, ici même dans le noir… puis ils cessent de se regarder et se détournent pour regarder le film ; sans un seul mot entre eux.[251] » Auparavant, le frayage de la parole surgissant du noir a consisté à transiter continuellement du dedans au dehors, en soi et hors de soi, de telle façon qu'un autre territoire existentiel se *superpose* dans l'expérience. Chacun est touché au plus profond, selon un double mouvement consistant à *être affecté* et *à affecter* l'autre, battement existentiel que nous désignons comme une

---

[248] Don Delillo, *Point Oméga*, Arles, Actes sud, 2010 (traduction), p. 124.
[249] François Jullien, *De l'intime*, Paris, Grasset, 2013, p. 89.
[250] *Ibidem*, le philosophe écrit p. 29 : « L'intime dit donc ainsi les deux et les tient associés : le *retrait* et le *partage* », et « plus ce qui est en jeu est intime, plus profond en est le partage. Mais surtout seul ce qui est intime veut s'offrir et le peut ».
[251] Don Delillo, *op. cit.* p. 129.

affectologie à l'œuvre dans les espaces sociaux. Comme l'écrit Maurice Blanchot à propos de l'expérience littéraire, l'insaisissable est en mouvement, et nous aurions affaire avec un « langage imaginaire et langage de l'imaginaire, celui que personne ne parle, murmure de l'incessant et de l'interminable auquel il faut imposer silence.[252] »

N'est-ce pas ce qui se produit de façon étrange, sensuelle, baroque et tragique, chez Bruno Schultz ? Avec cet écrivain polonais Bruno Schulz dans nombre de ses textes, notamment une nouvelle extraordinaire intitulée « La nuit de la Grande Saison » (1934), la question du rapport entre *la multiplicité* et *l'individuation* se pose, c'est-à-dire celle d'un sujet en devenir entre des milieux intérieurs et des milieux extérieurs. Comme chez Kafka, le thème du père juif est central, mais son style est différent car quasi lyrique par moments, mais non moins torturé pressentant lui aussi le désastre de façon obscure, et se raccrochant à la beauté minuscule du monde en tant que Reste. Il décrit une petite ville tantôt sombre tantôt flamboyante, les « couleurs malsaines de la ville », et les foules qui s'écoulent « en une cohue tumultueuse, dans le bruit de milliers de pas et le chuchotement de milliers de lèvres - migration grouillante et enchevêtrée par les artères de la ville automnale[253] ». Mais ensuite on est immergé dans l'espace d'un magasin de tissu et d'étoffes, tenu par Jacob, et envahi par des clients pris de folie réclamant des avantages et leur dû.

Par conséquent *le passage flou* entre l'extérieur et l'intérieur s'effectue confusément au rythme d'une foule déchaînée, nous ne sommes plus dans l'espace confidentiel de toute à l'heure car ici tout est dehors-dedans, comme révulsé, dans une confusion baroque et délirante, et « dans l'obscurité d'une cohue tumultueuse[254] » pour reprendre les termes de l'auteur. Le murmure lointain de la ville se rapproche et devient menaçant. Une telle noirceur bigarrée et

---

[252] Maurice Blanchot, *L'espace littéraire*, Paris, Gallimard /idées, 1955, p. 48.
[253] Bruno Schultz, *Les boutiques de cannelle*, (Nouvelles, 1934), Paris, Denoël, 1974, p. 149 (traduction).
[254] *Idem.*

ostensiblement sarcastique nous plonge dans le trouble de la situation explosive : que se passe-t-il précisément ? Seuls prédominent une sensation trouble ou un pressentiment… Mais de quoi au juste ? Dans une lettre à son ami dramaturge S.I. Witkiewicz, Bruno Schulz écrit énigmatiquement : « la vie de la matière consiste à user une quantité infinie de masques, et l'essentiel de la vie, c'est une circulation des formes[255] », ou encore « La solitude est cet enzyme qui provoque la fermentation de la réalité et précipite le dépôt de figures et de couleurs[256] »… Car l'écrivain et nouvelliste Bruno Schulz était aussi un remarquable peintre et dessinateur[257]. Si *la vie* est une *circulation des formes* quasi infinie, une *précipitation de matière*, et une *expérience de solitude*, alors le sentiment de se retrouver sur des territoires incertains ne peut qu'être patent.

Chez ces deux écrivains si éloignés l'un de l'autre dans l'histoire et les continents, il y a pourtant une semblable traversée des régimes du visible consistant à créer des territoires où se nichent des cachettes, des surfaces de dissimulation possibles. Où et comment se cacher dans des espaces de visibilité intégrale ? Il s'agit de se réfugier, de trouver sa *scène secrète*, un peu à la façon dont Jean Christophe Bailly dans un récent essai parle des animaux pour lesquels la présence « se décline en une gamme infinie qui comporte l'éclipse, l'intermittence, l'effacement[258] » ; puisque, dans leur espace, est un « prodigieux théâtre d'inquiétude », où se manifestent les indices, les signaux et les traces. Or « là où les animaux flairent, frayent, écoutent, devinent, palpent[259] », alors l'espace est ouvert. Avec les bêtes nous avons des régimes subtils de *l'irruption*, du *suspens* et de *la fuite*, liés à leur survie territoriale. Alors, en ce sens, les écrivains abordés sont des

---

[255] *Ibidem* p. 216.
[256] *Ibidem* p. 218.
[257] Cf. exposition consacrée à Bruno Schultz au musée d'art et d'histoire du judaïsme, Paris, octobre 2004 /janvier 2005. Cf. le catalogue « La République des rêves ».
[258] Jean Christophe Bailly, *Le parti pris des animaux,* cf. surtout chapitre « le visible et le caché », Paris, Ch. Bourgois éditeur, 2013, p. 31.
[259] *Idem* p. 31.

animaux eux aussi si l'on peut dire, puisqu'ils entretiennent le flou narratif entre la patience et le furtif, entre le direct et le biais, la présence et l'absence, concernant les situations évoquées, et selon des régimes existentiels similaires. Nous avons une coprésence simultanée des territoires, des êtres et des lignes de fuite permettant ce qui s'écarte, s'en va, dont les récits évoqués trament l'intrication paradoxale.

## Guerre de l'imagination & sus-pensivité

Une circulation des fluides se produit dans la littérature moderne, entre les personnages et entre les choses, à travers un lieu dans lequel des forces invisibles travaillent l'atmosphère, et c'est cela qui est raconté en vérité. L'intensité s'insinue dans les interstices du dire, de la vision, du corps, puisqu'il y a une *part fluidique* en chaque chose, en chaque être vivant. Elle vient se manifester dans le paysage clair-obscur, ébauché, dans le silence, le geste esquissé, l'expression furtive, la situation incongrue, une image passagère, un suspens de la durée, un instant révélé. Une *part d'impondérable* qui est cependant entraperçue, ressentie, entendue, de façon somme toute mystérieuse. Dès lors il se produit aussi une captation des fluides selon un art du hors-champ ou bien du flou, qui charge et accomplit le champ visuel et sensible. Il s'agit d'une *dramaturgie fluidique* constituant un infra-texte, un au-delà ou un en-deçà de la représentation : c'est le coté viscéral de la création.

Ce que nous dit le poète Joe Bousquet : « Car, on le sait, il y a dans le jour des radiations qui sont de la même nature que la pensée[260] » écrit-il magnifiquement. Bousquet, de son lit de paralytique, de sa chambre des résonances à Carcassonne, scrute les épaves de l'œuvre littéraire, ceci pour « Avoir un royaume dans son regard. Que les autres pour te comprendre doivent non pas penser, mais songer.[261] » Ce que nous créons est plus grand que nous, se passe de nous, pour

---

[260] Joe Bousquet, *Traduit du silence* (1941), Paris, Gallimard / L'Imaginaire, 1995, p. 124.
[261] *Idem* p. 127.

cet écrivain ; il s'agit de « lancer un pont entre la vie intérieure et le monde réel.[262] » Tout le problème est là justement.

Ne faut-il pas situer les enjeux des zones indéterminées ou floues propres ou impropres à la création littéraire dans une *bataille du sensible et de l'imagination* ? En effet, dans la société de programmation, autrement dit dans une culture programmatique et d'évaluation de toutes choses, où est la possibilité de l'imagination qui s'articule aux rythmes de *l'imprévu*, de l'aléatoire, de la bifurcation, du flottement subjectif, *au temps de la pensée rêveuse* ? Comme celle du lecteur ou du spectateur dans son rapport à la fiction, qui dérive, voyage et nous déporte là où on ne s'attendait pas échouer ou résider. L'imagination nous pousse à déplacer les points de vue, à réinterpréter en fonction de critères non prévus, elle est donc le contraire de la programmation des choses. D'où l'enjeu qu'il puisse exister de multiples imaginaires, notamment ceux hétérogènes de *l'activité liseuse*, comme la nomme de Certeau[263]. Le danger serait celui bien réel d'une abolition de la différence entre l'imaginaire des concepteurs et celui des usagers au sens noble, d'où l'importance de pratiques alternatives qui échappent à une programmation généralisée qui a remplacé la planification des subjectivités.

Or l'imagination est une expérience profondément mystérieuse, elle a un lien avec l'enfance sans aucun doute, au sens où l'entend Giorgio Agamben lorsqu'il écrit que « l'expérience est le *mysterion* qu'institue tout homme du fait qu'il a une enfance.[264] » Nous expérimentons l'imagination en effet, selon des modes sensibles que nous pouvons vivre dans les territoires vécus ou virtuels en leurs multiplicités environnantes. Ce sont tous les parcours, les pauses, les

---

[262] *Ibidem* p. 143.
[263] *Cf.* Michel de Certeau, *Arts de faire*, Paris, Gallimard, 10/18, 1980. Il écrit admirablement p. 287 : « l'activité liseuse en ses détours, dérives traverse la page, métamorphoses et anamorphoses du texte par l'œil voyageur, envols imaginaires ou méditatifs à partir de quelques mots, enjambements d'espaces ».
[264] Giorgio Agamben, *Enfance et histoire. Destruction de l'expérience et origine de l'histoire*, Paris, Payot, 1989, et l'auteur précise p. 66 : « Ce mystère n'engage pas l'homme au silence ni à une mystique de l'ineffable, mais le voue au contraire à la parole et à la vérité. »

circonvolutions, les modalités des regards, les échanges sensibles, les corps en jeu, les constellations visuelles, les environnements sensitifs, qui fomentent mon imagination dans une turbulence quotidienne. Nous sommes bien dans des « arrangements optiques » (Gibson) et mentaux avec des environs qui *nous invitent* à tel type d'interaction, et à déployer une imagination vagabonde. Il y a une indissociabilité entre la perception, l'action et l'imagination, tout se passe en même temps ou presque dans les expériences comme *mysterion*, c'est-à-dire les temporalités incertaines de la vie. Et la perception du lecteur qui est une sorte de marcheur aussi, n'est jamais parfaite, toujours lacunaire, fragmentaire, im-prégnante, résidentielle, autrement dit dans une co-création, entre nature/culture. Il y a un *bougé de la perception* comme nous l'avons dit, constitué par des passages et des ouvertures propres aux émotions éprouvées, et par un ensemble d'affordances, de contextes relationnels spécifiques où des formes surgissent[265].

Il y a donc ici l'enjeu d'une pensée spéciale à la littérature peut-être. Ce n'est certes pas une question très simple. Mais le « flou » sémantique, ontologique, psychologique, anthropologique, temporel, contextuel, que la littérature produit et dans lequel elle navigue aisément, nous conduit vers un travail de la « pensivité », ou plus précisément de la *suspensivité* selon moi.

*Pensif* est cet état particulier d'un être plein de pensées mais cela ne veut pas dire qu'il pense. Ainsi l'image visuelle (photographie, vidéo, cinéma par exemple), ou *a fortiori* la littérature comme récipient d'images mentales, recèle en quelque sorte de la pensée non pensée, ou des « images de pensée » pour parler comme Benjamin. La *pensivité* se situerait selon Rancière, dans « une zone d'indétermination entre pensée et non pensée, entre activité et non activité, entre art et non art[266] », modulant des régimes d'expression entrelacés :

---

[265] *Cf.* Tim Ingold, *Marcher avec les dragons*, et son chapitre « Bâtir, habiter, vivre. Comment hommes et animaux construisent ils leur demeure dans le monde ? ».
[266] Jacques Rancière, *Le spectateur émancipé*, Paris, La Fabrique, 2008, p. 115.

travail du temps, posture des personnages, dispositifs spatiaux. Mais patente est une suspension de ces matières expressives dans les récits que nous avons étudiés ; car le temps, le lieu, le corps, la parole, sont comme *suspendus* dans la trame du désir qui sourd avec l'émotion inattendue. *L'instant éternel* devient, puisque tout le temps s'y condense, du moins dans la perception qu'opère la rupture. Paradoxalement cette dernière crée du *continuum* et non pas de la séparation, puisqu'elle réintroduit du temps étalé dans le suspens de l'événement.

A partir du corpus que nous avons examiné on peut dégager quelques propriétés remarquables d'une *pensivité littéraire* qui reste quelque peu irréductible à la conceptualisation philosophique et scientifique. 1/ D'abord ce sont des *univers ambigus* où aucun sens n'est fixé une fois pour toutes, le *pouvoir de la suggestion* règne (Gombrowicz) ; 2/ le *jeu du trouble* est prégnant à travers *l'intime* d'un récit brouillant les frontières entre dehors et dedans (Donlillo) ; 3/ on y *côtoie le chaos* dans une coexistence vitale de juxtaposition des contraires, avec le frayage narratif, les *effets de rupture* (Schulz*)* ; 4/ un *continuum* ou plan de composition, se forme à travers des champs magnétiques de fluides du désir et de l'amour (Bousquet ), autrement dit une curieuse sorte de *symbiose* se produit malgré tout à travers des *attracteurs étranges ;* 5/ la dimension de l'ellipse est prégnante en produisant les allusions et le sens flottant, c'est la *puissance de l'imparfait* qui innerve les romans selon une esthétique du flou et du bougé.

En conséquence le flou ou l'ambiguïté, la suggestion, le trouble, l'intime, le rapport au chaos, les effets de décalage, la symbiose (non la synthèse) des hétérogènes, l'imperfection comme esthétique ouverte, constituent les ingrédients pour une *alchimie de la pensivité* propre à la création littéraire, et à mon avis à la création des images aussi. Donc, à mon sens, on est assez loin de la raison au sens philosophique, conceptuel, bien que cette dernière soit interrogée et redéfinie par son bord et horizon tremblé que constitue toute cette pensivité à l'œuvre.

**Alain Mons**

*GENRE*

Chapitre 8

# Note sur le genre flou

Le mot « genre » n'est pas net. Désignant l'appartenance et le contour des choses, il est comme affecté par la variété des typologies qu'il fréquente. Ses propres contours y éprouvent leur extrême élasticité : les usages les plus récents du mot témoignent d'une invention dans le flou que connaissent peu de ses semblables. Il est ainsi devenu un indice d'approximation, chargé d'indiquer seulement le caractère imprécis d'une affirmation (exemple : « il a genre cinquante ans. ») ; voire un pur indice phatique dénué de toute signification. Un mot contaminé non par tel ou tel contexte mais par la disparité même des contextes qu'il a vocation d'éclaircir. On comprend qu'un pareil phénomène lexical exige une théorie à lui seul...

Le mot « genre » est flou. Ce d'autant plus qu'il n'instaure des catégories que pour indiquer mieux la difficulté à y faire entrer certains objets. Ainsi des genres littéraires : avant toute tentative de définition, avant toute entreprise de repérage géographique, ils existent à la manière de ces idéalités catégoriques que le kantisme nous a appris à considérer comme transcendantales : idées dont on ne rencontre jamais la figure mais dont toute figure paraît dépendre.

Je suppose que si François Soulages m'a invité à parler du flou dans le genre, c'est autant en ma qualité d'universitaire qu'en raison de mon « activité d'écriture », comme on dit – deux sortes de pratique dont il faut ici d'emblée considérer la différence et, d'une certaine manière, les « genres » distincts, afin d'interroger plus tard cette différence même – j'y reviendrai donc. En vérité, nombreux sont aujourd'hui les universitaires qui publient *en outre* des romans, des poèmes, des textes théâtraux, et sont exposés par là à interroger leur propre genre. Et lors même que cette autre pratique se présente sans œuvres avérées, c'est-à-dire publiées – cas qu'on ne peut exclure –, sa différence n'en reste pas moins problématique pour des raisons qui tiennent au statut de l'écriture universitaire là où elle prend pour objet des écritures « littéraires ». Comment en effet l'institution académique peut-elle fonder une position de discours suffisamment singulière pour qu'elle se distingue des textes qu'elle prend comme objets, et suffisamment aboutie dans sa singularité pour qu'elle entre dans le commerce général des textes ? Questions de placement dans l'ordre des discours bien sûr, mais pas seulement : dans la sphère sociale également, autant que dans la sphère économique (où les éditeurs entrent en jeu), dans la sphère politique (qui demande jusqu'où doit s'étendre le pouvoir de parole des universitaires), dans la sphère éthique (peut-on parler de tout, et de toute manière, à l'université ?), etc. Questions insistantes qui furent résolues, quelques décennies durant, par une réévaluation massive de la théorie et de la critique littéraires, devenues pour un temps le lieu de prédilection de la parole universitaire : « Vers 1970, écrit Antoine Compagnon, la théorie littéraire battait son plein et elle exerçait un immense attrait sur les jeunes gens de ma génération. Sous diverses appellations – « nouvelle critique », « poétique », « structuralisme », « sémiologie », « narratologie » –, elle brillait de tous ses feux. Quiconque a vécu ces années féeriques ne peut s'en souvenir qu'avec nostalgie. Un courant puissant nous emportait tous » Et d'ajouter : « En ce temps-là, l'image de l'étude littéraire, soutenue par la théorie, était séduisante, persuasive, triomphante. Ce n'est plus exactement le cas.[267] » Cette situation ne dura que le temps d'« un feu de paille », dit encore Compagnon. Elle eut des effets très bénéfiques dans le paysage littéraire de ces années-là, notamment en donnant lieu à des *œuvres critiques* qui avaient la stature de véritables œuvres littéraires : celles de Jean-Pierre Richard, de Gérard Genette, de Jean Starobinski, de Jean Rousset ; celle bien sûr de Roland Barthes. En même temps, elle contribua à introduire un brouillage générique dans la production de certains écrivains-universitaires dont on peinait parfois à distinguer les positions de discours.

Brouillage hautement salutaire, puisqu'il permit du même coup la lecture renouvelée de certaines œuvres du passé, celles précisément dont le genre restait difficile à identifier. Ainsi l'ébranlement des fondations génériques conduisit-il certains écrivains-critiques à mieux penser l'existence immémoriale des genres en littérature ; et à apercevoir, au-delà d'une conception catégorielle, les tensions que recouvre la notion, la *dynamis* même dont dépend l'existence des œuvres. Être d'un genre, c'est tendre vers un modèle, se rallier à un canon et du même mouvement s'en dégager. L'être des genres tient précisément à cette tension, à ce ralliement *et* à ce dégagement. Il est l'horizon du déséquilibre, de l'écart produit par toute grande œuvre nouvelle. Le genre de *Bouvard et Pécuchet*, c'est ce modèle qui transforme notre représentation du genre romanesque. Mais ces transformations elles-mêmes ne tardent pas à se constituer en canon, c'est-à-dire en modèles transmissibles. Si bien que le brouillage des genres, loin de représenter un écart par rapport à une norme, apparaît plutôt comme la condition d'existence des œuvres, la manifestation de leur puissance. Non pas le flou subi (comparable à un effet de myopie ou de presbytie), mais actif au contraire, de la façon dont un brouillage volontaire du message contribue à son intensification. Ce qui se décrit là, c'est la *liberté* que suppose l'existence des œuvres, et dont elles gardent la marque. Pour donner une idée de cette liberté, j'emprunterai un cas non pas à la littérature mais à la musique.

---

[267] Antoine Compagnon, *Le Démon de la théorie*, Paris, Seuil, 1998, p. 9.

Glenn Gould, travaillant en vue d'un concert la sonate *opus 109* de Beethoven, et peinant à y surmonter un obstacle technique, avait en dernier recours décidé de perturber son étude par le son, porté au maximum, de la radio ou de la télévision. Détournant son attention de la difficulté, il avait ainsi réussi à la vaincre définitivement. Étonnant exemple de brouillage salutaire qui peint la nature biface de la liberté qu'invente et qu'explore le travail d'un artiste. D'un côté, elle autorise que justement on *prenne des libertés* avec le modèle en jeu : ici, par la déconstruction du fétichisme attaché à une œuvre du passé (la sonate de Beethoven). Mais d'un autre côté, elle reste indemne de toute intention subversive puisque le but est toujours de restituer l'œuvre dans son plus grand éclat. Cette liberté sans subversion, cette respectueuse audace restent difficiles à penser autant qu'à pratiquer. Elles nous renvoient à l'opacité même de toute liberté et à l'énigme des chemins qui y conduisent.

« Comment les hommes ont-ils pu arriver à l'idée de *liberté* ? » se demandait Lichtenberg, dans la seconde moitié du XVIII$^{\text{ème}}$ siècle. Non par la voie des philosophes, répondait-il, ni par celle des politiques mais par celle des « artistes ». Ou bien si les philosophes y furent pour quelque chose, c'est dans la mesure où ils sont *aussi* des artistes de la langue, des créateurs de formes. *L'invention de la liberté*, tel était le titre d'un grand livre de Starobinski qui justement s'attachait longuement à montrer l'importance des artistes et des écrivains dans cette invention, à l'époque même où écrivait Lichtenberg. C'est que l'art est (devrait être) le lieu sur lequel pèse une autorité sans incarnation, sans pouvoir temporel, sans existence économique ni politique, sans croyance même : la pure *auctoritas* des *auctores*, celle de la tradition, ou de la transmission.

De la même façon, les genres de la littérature, incarnant sa tradition, y définissent les conditions mêmes de l'invention. À celui qui entreprend d'écrire, les genres, les « schémas de réception » se présentent en effet comme des figures préexistant à son entreprise. Il travaille avec elles de telle sorte que la voix que fait entendre son écriture ne soit jamais seule : elle résonne dans, en accord avec d'autres voix qui possèdent une marque générique. Elle est une voix anamnésique, qui ramène avec elle quantité d'autres voix un peu selon le principe platonicien, énoncé dans le *Phédon*, de la réminiscence : écrire, c'est rameuter en soi des schémas génériques, et par suite, placer sa voix dans ce concert – d'aucuns diront, dans cette caco(ou kalo)phonie.

À ce point du questionnement, un timbre d'écriture n'est pas séparable de son genre. Ce que convoque notre mémoire, à la seule mention du nom de Céline, par exemple, c'est d'abord la résonance d'une prose particulière. La question de savoir si Céline écrit des romans reste très secondaire, très lointaine, très peu pertinente, au fond (en écrit-il, d'ailleurs ?). Ainsi de suite. On voit bien par là que l'ordre de l'écriture n'est pas assigné à l'ordre des genres comme le pensent nombre de lecteurs, et notamment d'étudiants ; mais qu'inversement le genre est la catégorie dans laquelle une écriture invente les modalités de son accueil. Le genre est une *catégorie inventive* pour la raison, admirablement énoncée par Quignard, « qu'il faut qu'il soit impossible au lecteur de mettre la main sur ce qu'il lit.[268] »

Et Quignard de tirer, d'une telle remarque, la conséquence qui s'impose : « Je cherche un genre qui n'existe pas », propos qui doit être entendu dans le sens que je viens de dire : si le genre de ce que j'écris préexistait à ce que j'écris, alors ce que j'écris n'aurait pas de raison d'être écrit. Le genre est un effet un après-coup, jamais un prérequis. Même certaines des œuvres qui se conforment le plus strictement à un schéma générique, parviennent à réinventer le genre auquel elles paraissent se rallier. Il n'y a pas de roman avant *Don Quichotte* parce que les romans auxquels le héros se réfère en permanence n'ont rien à voir avec le genre de celui que nous sommes en train de lire. Mais il n'y a pas de roman avant Stendhal ; pas avant Proust. Stendhal, Proust sont les noms de deux genres de la littérature.

Comment, dans ces conditions, faire entendre le timbre propre d'une pensée ? Question qu'il faut immédiatement repousser par une autre : comment aller à la rencontre de ce qui est absolument informulable, c'est-à-dire

---

[268] Pascal Quignard, *Rhétorique spéculative*, Paris, Gallimard, 1995, pp. 61-62.

de ce qui, en toute chose, constitue le point de fascination qu'elle exerce sur nous ? Le propre de la fascination, c'est qu'elle abolit l'ordre du temps. Qu'elle nous place dans une coprésence de nous-même et du monde. Si certaines œuvres parviennent à inventer ce temps-là, c'est par leur capacité à nous fasciner, justement, c'est-à-dire en effaçant la distinction entre le préexistant et le nouveau, le préalable et l'actuel. Non qu'elles échappent à l'histoire, ni surtout à l'histoire des genres. Mais le temps symbolique qu'elles déploient et dans lequel elles nous projettent ne connaît pas d'orientation, de vectorisation autres que celles de leur parcours.

On touche là à la parenté qui unit l'expérience esthétique et l'expérience amoureuse, deux manières de se-laisser-fasciner par un objet. Si le genre est la catégorie dans laquelle une écriture invente les modalités de son accueil, autrement dit les modalités par lesquelles elle s'absorbe dans un objet, on voit alors ce qui unit les deux sens du mot genre en français : écrire, c'est pénétrer un objet absent par quelque effet d'attraction, par une érotique particulière, certes propre à cette activité, mais qui aussi bien suppose désir, attirance, manque, parade, accompagnement, bref tous les ressorts de la fascination amoureuse et du frayage des genres. C'est ainsi que s'invente le sentiment d'absolue nouveauté dont est capable la fascination, qu'elle soit amoureuse ou esthétique. La formule – toute platonicienne – nous en est donnée par Montgomery Clift dans une réplique de *A place in the sun*, de George Stevens : *I love you so much that I think I loved you before I met you*. Et comme Swann d'Odette, le héros de *A place in the sun* pourrait dire de sa partenaire incarnée par une Elizabeth Taylor âgée de dix-huit ans, qu'elle n'était pas son genre : c'est ainsi que toujours débutent les attirances.

**Christian Doumet**

**Chapitre 9**

# Le flou rare de la prose poétique

Pour mieux cibler mon propos, je commencerai par citer quelques fragments de prose poétique. Ensuite, j'enclencherai une réflexion appuyée sur Paul Valéry, cet auteur qui en même temps qu'il maintient le grand écart entre prose et poésie — l'une marche, l'autre danse, répète-t-il sans cesse — fournit des instruments fort utiles pour comprendre un tant soit peu ce qui passe dans cette zone floue, à la fois du langage et de la pensée, où la prose poétique s'instaure.

Francis Ponge, *Le Savon* [269] :

> Il y a beaucoup à dire à propos du savon. Exactement tout ce qu'il raconte de lui-même jusqu'à disparition complète, épuisement du sujet. Voilà l'objet qui me convient.
> Le savon a beaucoup à dire. Qu'il le dise avec volubilité, enthousiasme. Quand il a fini de le dire, il n'existe plus.

André Breton, *L'Amour fou* [270] :

> *Boys* du sévère, interprètes anonymes, enchaînés et brillants de la revue à grand spectacle qui toute une vie, sans espoir de changement, possédera le théâtre mental, ont toujours évolué mystérieusement pour moi des êtres théoriques, que j'interprète comme des porteurs de clés : ils portent les *clés des situations*, j'entends par là qu'ils détiennent le secret des attitudes

---

[269]. Paris, Gallimard, Coll. « L'imaginaire », 1967, pp. 17-18.
[270]. Paris, Gallimard, Coll. « Folio », 1937, p. 7.

les plus significatives que j'aurai à prendre en présence de tels rares événements qui m'auront poursuivi de leur marque.

Aragon, *Le Paysan de Paris* [271] :

J'en étais là de mes pensées, lorsque, sans que rien en eût décelé les approches, le printemps entra subitement dans le monde.

Et d'ajouter :

C'était un soir, vers cinq heures, un samedi : tout à coup, c'en est fait, chaque chose baigne dans une autre lumière et pourtant il fait encore assez froid, on ne pourrait dire ce qui vient de se passer. Toujours est-il que le tour des pensées ne saurait rester le même ; elles suivent à la déroute une préoccupation impérieuse. On vient d'ouvrir le couvercle de la boîte. Je ne suis plus mon maître tellement j'éprouve ma liberté.

André Pieyre de Mandiargues, *Le Musée noir*[272] :

Le panorama dressé par les sens dans la conscience de l'homme est un écran peu solide ; percé à chaque instant de trous, secoué par les tourbillons, il n'aveugle que ceux qui cherchent précisément à ne rien voir au-delà de son médiocre ready-made.

Et il poursuit par cette très longue phrase :

Quelquefois les trous se rejoignent sur le bris des derniers fils du tissu dans une totale discontinuité des images, ou bien les tourbillons renversent entièrement le pauvre appareil, c'est alors l'heure de la voyance, c'est aussi l'heure de l'idiotie, les deux visages absolus de ce que l'on a parfois nommé le mysticisme, mais il est rare, le désira-t-on, d'arriver à ces excès, et le plus souvent la mécanique continue à promener au dessus des gouffres aperçus, dans un grincement rassurant de vieillerie, des tableaux dont la laideur et l'horreur même à laquelle ils atteignent de temps en temps sont rendus acceptables par le respect des lois de causalité et le conformisme banal avec lesquels ils se présentent.

Édouard Glissant, *Traité du Tout-monde, Poétique IV* [273] :

Après cela, je suis entré dans un conte, que vous appelez donc un roman. Plus surpris de cette entrée que d'avoir fréquenté, au loin des temps, une princesse dite obscure. Un conte, un monde virtuel par conséquent. J'y vivais selon des lois à peine déchiffrables. La vitesse sauvage emportait.

---

[271]. Paris, Gallimard, Coll. « Folio », 1953 (1926), p. 11.
[272]. Paris, Robert Laffont, 1946, *Introduction* p. 7.
[273]. Paris, Gallimard, 1997, p. 56.

Et Glissant ajoute :

> À chaque instant, des virages insensés aux carrefours et aux croisements ouvraient des espaces insondables. Les couleurs se brisaient en éclats, mais elles déblatéraient ainsi leurs langages. Le temps de vivre était le même que celui de mourir. L'instant restait identique à la durée.

Paul Valéry, *Alphabets* [274] :

> Au commencement sera le Sommeil. Animal profondément endormi ; tiède et tranquille masse mystérieusement isolée ; arche close de vie qui transporte vers le jour mon histoire et mes chances, tu m'ignores tu me conserves, tu es ma permanence inexprimable ; ton trésor est mon secret. Silence, mon silence ! Absence, mon absence, ô ma forme fermée, je laisse toute pensée pour te contempler de tout mon cœur.

Et de poursuivre :

> Tu t'es fait une île de temps, tu es un temps qui s'est détaché de l'énorme Temps où ta durée indéfinie subsiste et s'éternise comme un anneau de fumée. Il n'est pas de plus étrange, de plus pieuse pensée ; il n'est pas de merveille plus proche. Mon amour devant toi est inépuisable. Je me penche sur toi qui es moi, et il n'y a point d'échanges entre nous. Tu m'attends sans me connaître et je te fais défaut pour me désirer. Tu es sans défense. Quel mal tu me fais avec le bruit de ton souffle !

Je m'intéresse donc ici à la prose poétique qu'il convient de discerner du poème en prose, du vers-librisme et du verset. Lorsque Baudelaire écrit dans sa dédicace à Arsène Houssaye au seuil du *Spleen de Paris* : « Quel est celui de nous qui n'a pas, dans ses jours d'ambition, rêvé le miracle d'une prose poétique, musicale sans rythme et sans rime, assez souple et assez heurtée pour s'adapter aux mouvements lyriques de l'âme, aux ondulations de la rêverie, aux soubresauts de la conscience ?[275] », il expose le programme dont il s'agit (j'aurais pu le faire figurer dans les extraits avec toute une cohorte d'autres *musiciens de la prose*). Je ne m'intéresse ici ni à l'idéologie de la libération du vers ni à la forme au sens du conditionnement dans lequel l'écriture

---

[274]. Paris, Librairie générale française, Coll. « Le livre de poche classique », 1999, pp. 43-44.
[275]. *Le Spleen de Paris*, Paris, Librairie générale française, Coll. « Le livre de poche », 2011, p. 14.

apparaît, tel le verset qui est un vers converti en prose et étendu à un quasi-paragraphe. Je m'intéresse à la prose poétique comme attitude d'écriture et de pensée, l'une et l'autre corrélatives et inséparables. Je parle d'un flou rare, d'abord parce que la rareté est, de fait, une caractéristique de la prose poétique, même si on peut en étendre le domaine à tous les confins où pointe *un écrire autrement*, ensuite parce que le lieu de cette altérité relève d'une sorte de flou voulu, du moins à prendre comme critère d'évaluation ceux qu'impose, en littérature, pour le meilleur et pour le pire, le goût des genres — forme locale du goût des grilles cognitives.

La prose poétique n'est ni poésie ni prose, flotte dans l'entre-deux. Elle aussi relève d'un goût — c'est le mien, dois-je insister ? Un goût pour une écriture qui pense et qui pense l'écriture, ou encore pour une pensée qui interroge l'écriture qui la pense. Dans une série télévisée, un personnage dit curieusement à quelqu'un qui se targue d'un crime : « Non, tu n'es pas un assassin, tu es un critique. » On pourrait être tenté de le dire aussi de quiconque pratique la poésie en prose ou la prose poétique : « Tu n'es pas un écrivain, tu es un critique. » Paul Valéry, pour sa part, définit non moins curieusement le classique dans ces termes : « classique est l'écrivain qui porte un critique en soi-même, et qui l'associe intimement à ses travaux.[276] » Serait classique quiconque porte en lui une sorte de surmoi (« Il y avait un Boileau en Racine, ou une image de Boileau ») qui le pousse à remettre de l'ordre dans ce qu'on a auparavant mêlé. Tel serait Baudelaire, n'était-ce qu'il avance dans la réclame de sa prose poétique ou de ses poèmes en prose, le droit d'un laisser-aller de l'écriture au fil de la pensée et de l'imagination. La prose poétique, c'est une sorte de libération par rapport au carcan du vers, s'il peut être tel, mais moins pour libérer la poésie — comme dans le vers-librisme — que *pour libérer la prose elle-même* d'un autre carcan, celui du discours bien formé en vue d'exposer clairement les idées. La poésie peut aussi avoir besoin de respirer, tel Verlaine dont, selon Valéry, le « vers, libre et immobile entre les extrêmes du

---

[276]. « Situation de Baudelaire », *Œuvres*, I, Paris, Gallimard, Bibliothèque de la Pléiade, 1957, p. 604.

langage, ose descendre du ton le plus délicatement musical jusqu'à la prose, parfois à la pire des proses, qu'il emprunte et qu'il épouse délibérément[277] ». Mais ce dont il s'agit ici relève davantage d'une conversion que d'une sorte de défi momentané. Convertir la prose à ce qu'elle est censée refouler par profession.

Valéry est un bon gardien à cet égard. Il s'insurge contre le fait de diviser le poème « en un *discours de prose* qui se suffise et consiste par soi » et « un *Morceau d'une musique particulière*, plus ou moins proche de la musique proprement dite[278] » ; il s'insurge aussi contre « l'habitude de juger les vers selon la prose et sa fonction, de les évaluer, en quelque sorte, *d'après la quantité de prose qu'ils contiennent*[279] ». Mais une caractéristique de la prose poétique, c'est justement qu'elle se manifeste par une certaine quantité de prose, au sens d'un discours sur des idées, mêlée à une certaine quantité d'expression décalée, plus ou moins métaphorique. C'est très exactement ce qu'on observe chez Valéry lui-même : « Là où je suis arrivé avec peine, à bout de souffle, un autre surgit, frais et plein de liberté, qui saisit l'*idée*, la détache de ma fatigue et de mes doutes, la regarde dans sa généralité, sa légèreté, jongle avec elle, s'en fait un instrument et une parure, ignore le mal et le sang qu'elle a coûtés[280]. » Dans ce court texte d'idée qui évoque justement l'idée, on peut énumérer précisément les termes qui réalisent le décalage poétique : fatigue, parure, sang, etc. ; il est évident que ce bricolage a trait au fait que Valéry s'intéresse, à propos de l'idée, à quelque chose qu'à son endroit on néglige en général, sa psychologie et sa poïétique.

Parlons un peu du « discours bien formé en vue d'exposer clairement les idées », disons, le traité d'idées plus ou moins philosophiques. On pourrait invoquer Montaigne ici, quant aux décalages historiquement tentés. Plus rare — décidément, je l'aime ce rare ! —, j'invoquerai Shaftesbury[281]

---

[277]. « Passage de Verlaine », *op. cit.*, p. 714.
[278]. « Questions de poésie », *op. cit.*, p. 1284.
[279]. *Ibidem*, p. 1293.
[280]. *Tel Quel*, « Littérature », *Œuvres*, II, Paris, Gallimard, Bibliothèque de la Pléiade, 1960, p. 662.
[281]. *Cf.* mon livre *L'Autonomie de l'esthétique*, Paris, l'Harmattan, Coll.

dont l'œuvre instaura un nœud singulier entre la méfiance envers la « gravité » que le traité exemplifie, la quête d'une manière d'exposition, moins systématique, dite rhapsodique, et l'intérêt pour le *Wit* qui anticipe le *Witz* des philosophes romantiques et ce qu'on peut appeler l'ère du fragmental. Le fragment, comme unité ou principe de composition (fragmentation, forme fragmentaire), se manifeste dans le genre de prose où des îlots poétiques viennent rompre la monotonie du bien formé, jusqu'à composer des archipels plus ou moins étendus — une image qu'on peut rapporter à Glissant : pour ainsi dire, la poésie, ici, « archipélise » la prose. Glissant écrit dans le *Traité du Tout-Monde* :

> Nous nous apercevons de ce qu'il y avait de continental, d'épais et qui pesait sur nous, dans les somptueuses pensées de système qui jusqu'à ce jour ont régi l'Histoire des humanités, et qui ne sont plus adéquates à nos éclatements, à nos histoires ni à nos moins somptueuses errances. La pensée de l'archipel, des archipels, nous ouvre ces mers.[282]

Parenthèse fermée, non sans y ajouter l'idée que, contrairement à l'auteur, je tiens la « pensée archipélique » pour rare — en d'autres termes, le système résiste, aujourd'hui d'ailleurs décalé dans la systémique. Cette rareté a sans doute rapport à la difficulté que présente la poésie, prise entre niaiserie et sophistication. C'est là-même le double risque de la prose poétique : incapable d'aller dans les profondeurs conceptuelles, toujours plus « légère » que le traité en bonne et due forme ; mais trop compliquée pour venir s'asseoir modestement à la table où on célèbre l'ivresse poétique, au sujet de la nature ou d'autre chose. Quel besoin alors de relever ce défi ? Valéry évoque, dans « Poésie et pensée abstraite », la possibilité d'assumer une double posture :

> Mon expérience m'a (…) montré que le même *moi* fait des figures fort différentes, qu'il se fait abstracteur ou poète, par des spécialisations successives, dont chacune est un écart de l'état purement disponible et superficiellement accordé avec le milieu extérieur, qui est l'état moyen de notre être, l'état d'indifférence des échanges [283].

---

« L'ouverture philosophique », 2008.
[282]. *Traité du Tout-monde*, *op. cit.*, p. 31.
[283]. *Œuvres*, I, *op. cit.*, p. 1320.

En même temps, dans ce texte, il introduit une sorte de fourche à compter du pôle de la poésie, sa divergence non seulement avec la prose qu'il glose abondamment, mais, du moins par hypothèse, avec la pensée abstraite :

> La plupart croient sans autre réflexion, que les analyses et le travail de l'intellect, les efforts de volonté et de précision où il engage l'esprit, ne s'accordent pas avec cette naïveté de source, cette surabondance d'expressions, cette grâce et cette fantaisie qui distinguent la poésie, et qui la font reconnaître dès ses premiers mots.[284]

Il veut montrer que « le poète a sa pensée abstraite, et, si l'on veut, sa philosophie » et qu'elle s'exerce « dans l'acte même de poète » ; à preuve : « la plus authentique des philosophies n'est pas dans les objets de notre réflexion, tant que dans l'acte même de la pensée et dans sa manœuvre »[285].

Il appert, dans cette optique, que ce n'est pas tant l'abstraction intellectuelle qui diverge avec la poésie que la prose en tant qu'elle a une destination pratique. Globalement, poésie et prose se rejoignent en ce qu'elles « se servent des mêmes mots, de la même syntaxe, des mêmes formes et des mêmes sons ou timbres, mais autrement coordonnés et autrement excités », et divergent en ce que, tandis que le discours de prose « est remplacé entièrement par son *sens* », la poésie « nous excite à la reconstituer identiquement[286] ». Sans doute, cette substituabilité du discours de prose vaut aussi bien pour un discours pratique que pour un discours scientifique ; on ne récite ni l'un ni l'autre en en tirant quelque plaisir, vocal ou auditif. Il s'agit là des contraintes du discours, en particulier dans son emploi oral quotidien qui exige, notamment, « la *vitesse de notre passage par les mots*[287] ». C'est ainsi que nous les employons pour communiquer, mais il arrive qu'ils soient soustraits à pareille obligation fonctionnelle [288] :

---

[284]. *Ibid.*, p. 1315.
[285]. *Ibid.*, p. 1336.
[286]. *Ibid.*, p. 1331.
[287]. *Ibid.*, p. 1318.
[288]. *Ibid.*, p. 1317.

ce fait curieux, que tel *mot*, qui est parfaitement clair quand vous l'entendez ou l'employez dans le langage *courant*, et qui ne donne lieu à aucune difficulté quand il est engagé dans le train rapide d'une phrase ordinaire, devient magiquement embarrassant, introduit une résistance étrange, déjoue tous les efforts de définition aussitôt que vous le retirez de la circulation pour l'examiner à part, et que vous lui cherchez un sens après l'avoir soustrait à sa fonction momentanée.

L'auteur précise alors :

> je saisis au vol le mot *temps*. Ce mot était absolument limpide, précis, honnête et fidèle dans son service, tant qu'il jouait sa partie dans un propos, et qu'il était prononcé par quelqu'un qui voulait dire quelque chose. Mais le voici tout seul, pris par les ailes, il se venge. Il nous fait croire qu'il a plus de sens qu'il n'a de fonctions. Il n'était qu'un *moyen*, et le voici devenu *fin*, devenu l'objet d'un affreux désir philosophique. Il se change en énigme, en abîme, en tourment de la pensée…

On remarquera à nouveau dans cette citation des îlots poétiques : honnête, ailes, venge, abîme ou tourment. Des mots mis à part du train phrastique, ou du train-train du discours, qui reviennent ici en son creux même tandis qu'il vante la même dissidence. La prose poétique relève d'une contamination de l'ensemble du discours par ces mots en résistance. Les îlots y deviennent, non seulement des archipels, mais des continents ou, si l'on veut, la mer sans cesse recommencée…

Ce que Valéry dit du poète vaut, en fait, plus généralement, pour le poétique :

> Le devoir, le travail, la fonction du poète sont de mettre en évidence et en action ces puissances de mouvement et d'enchantement, ces excitants de la vie affective et de la sensibilité intellectuelle, qui sont confondus dans le langage usuel avec les signes et les moyens de communication de la vie ordinaire et superficielle. Le poète se consacre et se consume donc à définir et à construire un langage dans le langage.[289]

Se prenant lui-même pour cobaye, il observe en lui des sortes d'états qu'il propose d'appeler « poétiques », parfois « achevés en poèmes », et produits par le désir « de remplacer les formules verbales par des valeurs et des significations non

---

[289]. *Œuvres*, I, *op. cit.*, p. 611.

verbales », tirées de la vie, des « réactions de notre vie » ; mais il y mêle cette autre observation que parfois « un rapprochement brusque d'idées, une analogie me saisissait, comme un appel de cor au sein d'une forêt fait dresser l'oreille, et oriente virtuellement tous nos muscles qui se sentent coordonnés vers quelque point de l'espace et de la profondeur des feuillages. Mais cette fois, au lieu d'un poème, c'était une analyse de cette sensation intellectuelle subite qui s'emparait de moi. »

> Ce n'étaient point des vers qui se détachaient plus ou moins facilement de ma durée dans cette phase ; mais quelque proposition qui se destinait à s'incorporer à mes habitudes de pensée, quelque formule qui devait désormais servir d'instrument à des recherches ultérieures...[290]

Ici, l'îlot poétique, au lieu de s'incruster métaphoriquement dans la phrase, revêt la forme plus explicite de la comparaison. Lors même qu'il s'agit de parler d'associations discursives, intellectuelles, cognitives, on est frappé par l'allusion romantique « au son du cor au fond des bois » dont, toutefois, l'auteur donne une interprétation toute personnelle qui évite la mièvrerie nostalgique : par analogie avec l'appel du cor qui « fait dresser l'oreille, et oriente virtuellement tous nos muscles qui se sentent coordonnés vers quelque point de l'espace et de la profondeur des feuillages », c'est d'une « sensation intellectuelle » dont il est question. L'intellect ramené à la surface de la peau, tout à l'opposite de l'absconse abstraction des lourds traités d'idées...

« Je lis mal et avec ennui les philosophes, qui sont trop longs et dont la langue m'est antipathique[291] » écrit-il. On verse du côté de la langue sympathique — ou pathémique dirait le sémiologue —, mais sans nécessairement verser dans la paradigmatique bergsonienne qui oppose avec beaucoup trop de rigueur, comme pour singer la science, le froid scientifique au chaud philosophique, et cela d'autant qu'on est dans un entre-deux, dans un chaud-froid ou un sucré-salé, ce lieu flou où peuvent se rencontrer ces rencontres improbables de

---

[290]. *Op. cit.*, pp. 1318-1319.
[291]. *Cahiers*, éd. Judith Robinson, Paris, Gallimard, Bibliothèque de la Pléiade, t. I, 1973, p. 197.

l'« épuisement du sujet » à l'endroit du savon (Ponge), « des êtres théoriques » qui évoluent « mystérieusement » (Breton), de l'ouverture du « couvercle de la boîte » à pensées (Aragon), de l'écran ready-made de la conscience (Mandiargues), de l'équivalence de l'instant et de la durée (Glissant) ou encore de « l'île de Temps » (Valéry). Un discours tout acquis à la résistance poétique, un discours qui, par-delà son objet, épouse une finalité esthétique ; un discours qui aurait une fin, un propos cognitif, mais se déploierait, pour emprunter à Kant, comme une « finalité sans fin ».

En tout cas, ce que la prose poétique met en crise, c'est le distinguo fondateur de l'esthétique, celui, offert par Baumgarten lorsqu'il baptisa la discipline d'un mot grec latinisé, l'*aesthetica*, entre le discours distinctif, celui du concept, de la science, et celui de la « clarté confuse » inspirée par Leibniz. Il s'agissait de rehausser la poésie au rang de la clarté tout en la soustrayant à l'obligation de la distinction, de la définition. La prose poétique offre une sorte de discours délibérément distinctif, théorique, mais non moins délibérément obscurci par son expression poétique. On voit aussi que c'est là une base viciée pour en parler ; cela oblige à concevoir en termes dépréciatifs d'obscurcissement. Valéry nous poserait alors sa question : est-ce qu'il y a dans ce discours une part en prose qui existe indépendamment de lui, un sens qui peut en sortir sans dommage, ou bien est-ce qu'il « nous excite à [le] reconstituer identiquement » comme le fait le poème ? La prose poétique penche censément du second côté, celui de l'indiscernabilité du sens et du discours. Elle peut être philosophique, mais s'écarte de la philosophie si, comme le dit encore Valéry, l'essentielle préoccupation de cette discipline est de « s'assurer contre le *danger de paraître poursuivre un but purement verbal*[292] ». Elle prend le risque du flou parce de ce danger elle fait un désir verbal.

Dominique Chateau

---

[292]. « Léonard et les philosophes. Lettre à Leo Ferrero », *op. cit.*, p. 1268.

*POÈME*

## Chapitre 10

# Le flou du premier plan
### Position d'existence, trouble de penser

> *L'équipe à riper le brouillard, au bouloooooo...*
> Jacques Perret[293]

**Voix de coquillage**

Là où elle ne se présente pas seulement comme une discipline démonstrative, c'est-à-dire lorsqu'elle distingue la pensée du calcul, la philosophie a à voir avec ce qui arrive lorsqu'on s'efforce de parler (malgré tout) de ce qu'on ignore. Elle évoque cette « voix de coquillage » dont parle Aragon dans *Le paysan de Paris*. Ce qui résonne dans le coquillage n'est pas le bruit de la mer mais l'écho confus de la présence englobante du monde. Le confus des présences tient au caractère subliminal du contexte des perceptions, à la préséance du « suis » sur le « je ». Il signale la rumeur de ce qu'il y a...

Reste à savoir de quel fond inexpressif la forme philosophique tire ce qu'elle veut rendre manifeste et en quoi l'effet de flou qui la caractérise alors constitue bel et bien

---

[293] Jacques Perret, *Le caporal épinglé*.

pourtant une preuve de sa perspicacité et de sa finesse. Il faut voir.

### Noirceur secrète du lait

Ce qui conduit Jésus le Nazaréen à la mort, c'est-à-dire ce qui lui attire la vindicte définitive des siens au fond, c'est la façon dont il s'approprie cette parole même du Dieu des juifs – celle qu'entend Moïse dans l'Exode – et qui dit : « Je suis celui qui suis ». En se présentant à l'envi par ces mots, s'ils forment toutefois un énoncé, il franchit la limite tacite qui interdit à l'impossible de faire acte de présence dans la réalité. Il lève en somme la barrière de potentiel que constitue la représentation devant la Transcendance lorsque cette dernière est envisagée comme absolue différence. La mort de Jésus est déjà celle de Dieu ; son absorption dans l'indifférence moderne de l'être, autrement dit l'indistinction de ce dernier avec le simple étant-être. De quelque façon qu'on entende ce que disent *les Évangiles* à propos des apparitions du Christ ressuscité, on sent bien qu'elles témoignent d'un changement radical dans le régime de la Présence. En s'incarnant, l'absolument absolu devient l'absolument phénomène. Jésus est peut-être seulement – déjà – ce « jeune homme vêtu de blanc » qui provoque la stupeur des deux Marie à l'approche de son tombeau vide (Luc, 2401-53). Ce peut être aussi ces présences étincelantes – anges ou inconnus – qui confirment sa résurrection aux premiers visiteurs (Marc, 16-1-20). Chez Marc, le Christ se manifeste d'ailleurs sous des formes différentes et, en tout cas, de façon à chaque fois méconnaissable. Présence totale, et pour cela innommable, il paraît seulement en étant (ce) qu'il est. Le Dieu immanent emporte avec lui le caractère amorphe de « l'exister » pur. Si la terreur que provoque sa rencontre est bien en même temps une forme de joie (Matthieu) c'est qu'avec lui, le réel ne fait plus qu'épouser à la lettre la sensation à l'état naissant qu'il provoque. Dans son cas, le flou exprime le paradoxe du Phénoménologique comme tel : « le monde perceptif amorphe », comme dit Merleau-Ponty, devient indiscernable en dernier lieu de « l'Être au sens de Heidegger » (Merleau-Ponty,

*Le visible et l'invisible*, notes de Janvier 1959). Le Jésus impressionniste des Évangélistes est le dispositif à flouter la chose ; l'aveuglante netteté de ce qui a l'existence pour essence. Il illustre, et réalise, le paradoxe qui fait que « plus le réel est intense, plus il est indescriptible et obscur » (Rosset).

Pourquoi Hegel parle-t-il du « blanc informe de l'Identité[294] » (c'est son obsession comme on sait) ? Parce que le paradigme du flou n'est autre pour lui que l'éclat aveuglant du caractère existant des choses laissé à lui-même. Il y a par exemple en ce sens un anti-hégélianisme redoutable dans le *Moby-Dick* de Melville – la pure apparition sans contraire, le monstre évident dont la présence donne à voir une tache indistincte parce qu'il se confond avec sa propre manifestation. Le flou moderne à la Melville signale la vitesse inanticipable de l'*Aistheton*, du sens sensible, tout autant – et sans doute davantage – que son effacement. Il signe à l'occasion sa réussite parfaite. Rien de plus clair en cela que la présence fantôme en général. La tache-Moby-Dick est le fantôme de Midi ; celui qui n'a pas d'ombre et qui ne se détache sur aucun fond parce qu'il est à la fois le fond et la forme. Aussi bien le flou n'est-il que l'absorption de la forme dans le fond, ce qui arrive quand ce dernier est devenu la forme même. Il témoigne de l'éclaircissement de l'être-là dans la présence fantôme. À un moment donné, au plus fort, toute vraie présence est un fantôme, un éclat (obscur) de l'Éblouissant en tant qu'essence de toute manifestation :

> J'aperçus, d'abord, une vapeur qui tourbillonnait autour d'un point central, vers lequel se précipitaient toutes les volutes et où elles s'engouffraient en roulant sur elles-mêmes. Puis, ce point s'élargit en un cercle de plus en plus grand, tendu d'un voile de brume légère qui se dissipa peu à peu, laissant apparaître une image confuse et flottante, comme ces fantômes qu'évoquent, dans leurs séances, spirites et médiums.

Et d'ajouter :

> Il y eut alors une certaine hésitation. Le fantôme luttait contre l'ombre éparse, et s'efforçait vers la vie et la lumière. Certains traits acquirent de

---

[294] Préface à la *Phénoménologie de l'Esprit*.

la vigueur. Il se forme des contours et des reliefs et, enfin, un flot de clarté sortit du fantôme lui-même et en fit une image éblouissante, qui semblait inondée de soleil.
C'était une figure de femme.[295]

## Loin dans la proximité

L'apex de toute expérience est inatteignable, mais seulement en termes de représentation. Car l'épreuve sensible « fait », bel et bien, « ce que la réflexion ne comprendra jamais[296] ». Ce qui veut dire que le flou attaché à l'Appréhension tient d'abord à l'impossibilité d'anticiper d'une façon ou d'une autre l'arrivée du monde. En tant qu'origine, ce dernier nous a toujours déjà atteint dans l'ombre ; à la manière dont la violence des fleurs, chez Giono, étonne le fermier. Le flou des affections n'est pas une question de bonne distance. Il a à voir avec ce qui se passe en deçà de la différence entre le proche et le lointain. C'est loin dans la proximité, en son cœur extime, que le trouble des existences nous a toujours déjà rattrapés. Que se passe-t-il au premier plan, dans la proximité la plus grande ? C'est la question que pose Nathalie Sarraute au début d'*Ici*, ce livre étrange qui parle de ce qui a du mal à entrer dans les livres. Sa réponse est qu'au premier plan, au plus près, c'est flou parce que ça disparaît dans l'apparition. Non pas parce que quelque chose empêche alors de voir ; plutôt, au contraire, parce que ce qui se présente emplit de force la vue. Plus c'est proche, plus « ça emplit tout[297] ». En Grèce, au bord de la mer, par exemple, quand un arbre se tient là tout à coup en plein soleil :

> C'est là de nouveau … comment il s'appelle déjà, cet arbre ? … quelque chose se condense, va sourdre… qu'est-ce que c'est ? C'est quelque chose de joyeux, oui, de rieur… des rires… des rir… rir… Tamaris… d'un seul coup tout est revenu… un Tamaris[298].

---

[295] Maurice Leblanc, *Les trois yeux*, Livre de poche, (1919), 1976, pp. 32-33.
[296] Maurice Merleau-Ponty, *Signes*, Gallimard, 1960.
[297] Nathalie Sarraute, *Ici*, Folio, Gallimard, (1995), 1997, p. 17.
[298] *Id*, pp. 17-19.

Pour Sarraute, l'étrange familiarité du flou relève au fond de ce que les grecs appelaient *periptosis* et qui désignait pour eux ce qui tombe dessus avant qu'on l'ait jugé. Dans *Mimesis*, Auerbach parle exactement dans ce sens d'un style homérique qui serait celui du premier plan absolu. Style du « pur présent », comme il dit, dans lequel l'indistinct provient non d'une atténuation de la phénoménalité mais de son intensification. Effet de « chose même » pour ainsi dire, où « l'extériorisation des mécanismes rhétoriques se fait en terme de perception[299] », ce qui explique le coup d'arrêt porté à la parole. Merleau-Ponty pointe, en ce sens, ce qu'il comprend comme « une stupeur associée à la peinture de Cézanne » dont il situe la provenance dans l'opacité des présences dès lors qu'elles sont « considérées de façon attentive mais sans aucune pensée[300] ». Cézanne peintre de l'obscurité du monde au (à) Midi. La connaturalité impersonnelle du monde et de l'expérience induit un flottement dans la barrière de potentiel que constitue pour nous l'ordre symbolique contre l'arrivée incessante du réel. Le flou est « la projection de la chute du ciel » dont parle Blaise Cendrars à propos du cinéma[301]. L'évidence barbare du « tombé » des choses (leur « felmen », leur « film » intraitable) n'est rien de plus, pour le dire vite – et il faut le dire vite – que l'impossibilité de distinguer le monde de sa manifestation. D'où l'indécision associée à la lumière crue, celle de l'été provençal – ou grec. Son côté spectral, qui ne signale rien de mystérieux mais seulement la coïncidence toujours naissante du monde et de son exister : l'excès de l'ordre de la présence sur celui des significations.

## Être, obscur

Est flou ce qui est là en ne faisant « rien d'autre qu'exister[302] ». Soit le « non modifié absolu » husserlien, peut-

---

[299] Auerbach, *Mimesis*, Gallimard, Tel, (1946), 1977, p. 14.
[300] Maurice Merleau-Ponty, « Le doute de Cézanne », in *Sens et non-sens*, Gallimard, (1948), 1966.
[301] Blaise Cendrars, *ABC du cinéma*, Les écrivains réunis, 1926.
[302] Nathalie Sarraute, *ibid*, p. 132.

être, s'il signifie – et réalise – une intuition qui ne se limite pas au concept et qui le traverse. Le bloc-bataille de Fabrice à Waterloo, par exemple, chez Stendhal. Le flou est la saisie du donné à même l'impossibilité de le saisir. C'est pourquoi il accompagne l'expérience même de (l') « être » en tant que ce dernier ne constitue jamais une essence des choses mais leur indépassable position d'existence. D'une certaine façon, Hegel a raison de dire qu'« il ne peut rien y avoir pour la pensée qui aie moins de contenu que l'être[303] ». Il n'en reste pas moins que le fait d'être et d'exister est en lui-même indépendant de toute pensée. Avec lui, la « donne » de toutes choses est existée, absolument, en même temps qu'elle est aussitôt absorbée, relativement, par des qualités singulières d'existence. Ainsi, il a bien un contenu – même pour la pensée – à condition de comprendre justement ce dernier comme le « quelque chose » qu'aucune pensée ne pourra jamais déduire d'elle-même ou construire de toutes pièces en ne comptant que sur elle-même. Il y a bien, pour le jugement, un côté irréductiblement confus et trouble dans le fait d'être. Cela ne tient pas à un défaut ou à un manque substantiel mais à la difficulté (aporétique) pour le mouvement logique d'être au four et au moulin : le flou qu'il y a à être n'est rien de plus que l'indistinction littérale de l'être et de l'apparaître. Apparaître ne consistant pas à « supprimer » le fait d'être, il le devient performativement à chaque fois.

L'ambiguïté de la saisie des choses dans leur position d'existence adhère simplement au caractère infra-mince des significations qui réalisent leur vérité en l'étant…

Gilson a magistralement pointé chez Kant l'équivoque qui est forcément attachée au refus – moderniste – de faire du caractère existant une qualité supplémentaire d'une manière ou d'une autre. Ce pourquoi il y demeure à son avis irréductiblement flou pour l'intelligence que l'on peut en avoir.

> Il y a, dans l'idéalisme critique de Kant, un point quasi imperceptible, où l'existence se trouve donnée, pour être aussitôt captée par les formes de la sensibilité en attendant de l'être par les catégories de l'entendement. [304]

---

[303] Article 51 de l'*Encyclopédie des sciences philosophiques*.
[304] Étienne Gilson, *L'Être et l'essence*, Paris, Vrin, 1948, p. 198.

D'une certaine façon, le flou phénoménal qu'il y a à être évoque l'effet sur le principe de représentation de la tautologie. L'énoncé « le ciel est » n'a aucune chance d'être aussi clair que celui qui affirme que « le ciel est bleu ». Il tutoie une limite extrême de l'expérience parce qu'il implique en lui toutes les qualités qui pourraient caractériser son sujet. Le sentiment de l'existence a lieu sur un fond obscur parce que l'évènement qu'il y a à exister – pour toute chose – ne se reconnaît à rien d'autre qu'à son occurrence. Fût-ce pour le pire aussi bien, celui de sa disparition même. L'effet de flou le plus stupéfiant dans l'œuvre romanesque d'A. S. Byatt se trouve dans la longue nouvelle qu'elle a intitulée *Le fantôme de Juillet*. Il éclaire d'une évidence noire les impressions d'une mère au moment précis où elle comprend que son fils vient de mourir dans un accident de la circulation. Si on m'a suivi jusqu'ici, on s'expliquera facilement pourquoi le passage en question peut – et doit – être restitué tel quel sans commentaire préliminaire ou postérieur. Avec lui, le trouble de penser – en général – et celui de « penser que est » ne font plus qu'un. Parménide veille sur la grande littérature :

> Quand c'est arrivé, ils sont allés chercher Noël, et Noël est rentré ici et il a crié mon nom – et puis il a dit, il est mort et j'ai pensé avec sang froid, est mort, e – s – t, et ça va durer, durer… on pense les choses les plus ridicules, j'étais là en train de penser à la grammaire, au verbe être…[305]

**Alain Chareyre-Méjan**

---

[305] Antonia Susan Byatt, *Le fantôme de Juillet*, Éd. des Cendres, 1991, p. 22.

**Chapitre 11**

# Quand le flou à l'indécis se joint

Abandonné aux confins de l'histoire, comme en entente d'un devenir raisonnable et distinct, comme en souffrance, l'indécis dans le flou aurait toujours détourné notre regard, faute de trouver dans les poèmes la persistance de la clarté.

Alors depuis le récit des muses de la colère d'Achille, la transmission amènera avec elle sa part d'ombre ; la langue se découvre balbutiante et se détourne d'elle-même pour se dire et redire jusqu'aux confins du sens ce qui du flou entoure chaque mot, chaque strophe, et le blanc monte indécis du fond, effaçant le visible.

C'est à cette frange qu'écrire poétiquement s'avance, disséminant sa prose et échappant à la mesure ; reste alors cette inconsistance qui, au lieu de parfaire le négatif, s'adonne à l'indécis « rien cette écume » ; c'est là en deux « in » dans in-connu et in-décis ; et cela nous renvoie plus à une certaine privation qui marquerait une défectuosité en manque, en défaut, mais au contraire souligne et montre une volonté de défaire le sens commun de ces fadeurs idéologiques.

La prétention que j'ai, c'est de ne pas parler de ceux qui ont parlé du flou. C'est-à-dire que je ne vais pas aller chercher dans les textes comme un appel au secours d'un flou qui viendrait nous flouer, flouant. Ce qui veut dire qu'il y a donc, comme l'écrit Angelus Silesius, un œil sur la chose et un œil sur l'éternité. Mon propos devrait être sous la vigilance gardée de quelques moments de la pensée écrite poétiquement parlant. L'entrée serait Novalis qui dit : « C'est faire tort aux poètes et aux philosophes que de les distinguer. » Prise dans son sens positif, cette phrase perd en précision. Ce qui veut dire que ce qu'il faut rendre flou, me semble-t-il, c'est l'articulation qui se conjoint en distance entre poésie et philosophie, c'est-à-dire entre penser, écrire, écrire sa pensée, cette dérive longitudinale. Novalis, puis, Anna Akhmatova est à un moment donné en train d'amener du pain et quelques fruits à son fils qui est en prison. Une femme semble la reconnaître, humble parmi les humbles :

> Dans de terribles années de la tyrannie de Iéjov, j'ai passé six-sept mois à faire la queue devant la prison à Léningrad. Une fois quelqu'un m'a « identifiée ». Alors la femme aux lèvres bleues qui était derrière moi - elle n'avait évidemment jamais entendu mon nom - s'est réveillée de cette torpeur qui nous était propre à toutes et m'a demandé à l'oreille (là tout le monde parlait en chuchotant) : « Et cela vous pouvez le décrire ? » Et j'ai dit : « Je peux. »

Et Anna Akhmatova d'écrire :

> Alors quelque chose comme un sourire est passé sur ce qui autrefois avait été son visage. [306]

Et elle dit que les yeux de cette femme se sont illuminés. Il n'y a pas besoin de préciser ce que l'on va dire, il suffit amplement de dire « oui, je le peux » et vous voyez que ce bond dans l'histoire va nous amener jusqu'à peut-être l'un des plus grands poèmes initiaux, non pas oublié, mais difficile d'accès : *Alexandra* de Lycophron de Chalcis qui commence ainsi : « Je dirai », et puis c'est ce délire d'Alexandra, l'autre nom de Cassandre. J'aurais pu parler uniquement autour parce que c'est un poème qui dans l'initial envoie quelque chose qui va surdéterminer, déterminer, réorienter le flou de la pensée dans une rencontre avec l'oracle de Delphes, qui ne montre pas, qui ne cache pas, mais qui signifie. Peu de commentateurs

---

[306] Akhmatova, Anna, *Requiem : poèmes sans héros*, Paris, Gallimard, 2007, p. 190.

ont compris que ce qui veut dire « signifier », ne signifie pas quelque chose de signifiant, mais dit la toute puissance du langage parlant. Il ne montre pas, il ne cache pas, nous sommes dans le flou de l'indistinction, imprécise et pourtant initiale. Qu'est-ce qui ni ne se montre, ni ne se cache, sinon le flou du sens ?

Après, d'autres flous que je ramènerai d'une manière indécise, imprécise et aléatoire. Le flou est, par exemple, le rapport jour-nuit. Mais ce flou du rapport jour-nuit, à nous, il nous convient. On sait que maintenant c'est le jour ou maintenant c'est la nuit, cependant ce passage est toujours flou. Sauf pour cet enfant psychotique qui voulait saisir dans le rapport jour-nuit le moment où il s'endormait. Cette précision qui l'obnubile où il faudrait saisir comment il passe de l'éveil à la nuit. Il en est mort parce qu'on n'a pas pu écarter les choses et lui dire que cette question en principe ne fait pas question puisqu'elle nous résout dans la dissolution ou elle nous dissout dans sa résolution. Mais pour lui, non. Donc vous voyez que le flou peut parfois être quand on veut aller jusqu'au bout de sa reconnaissance, de son annulation conceptuelle, peut être, pour cet enfant, synonyme de la mort. Mais on n'a rien pu faire, on n'a rien su faire.

N'attendez pas de moi un propos qui soit lié par l'histoire, par la chronologie ; non, je laisserai dans le flou toute chronologie, qui me semble être incongrue dans l'espace poétique où règne une souveraineté sans emploi du temps, sinon à être condamnée à la mesure : « Il n'est sur terre aucune mesure » dit Hölderlin. L'autre lancée sur le flou est, je vais la dire en enlevant le sublime parce que je l'ai vécu. Une enfant autiste qui n'avait jamais signifié autrement sa présence que par un regard qui ne revenait pas. Elle rentre avec moi et d'autres enfants dans une église, elle croyait qu'elle entrait dans un château. Des cierges brûlaient, je souffle sur les cierges et avec cette fumée, qui monte au bout de deux ou trois fois rallumés et éteints, elle sculpte en dentelle le flou de cette fumée jusqu'au moment où dans l'espace sa main s'est arrêtée, reprenant presque la phrase de Reverdy « Il y a dans l'espace une main qui s'est arrêtée ». Elle s'arrête et elle croise le regard absent de la statue de la Vierge et les autres enfants qui sont tous des autistes archaïques (pas ceux qui comptent jusqu'à 1000 à l'endroit et à l'envers, non ce sont des autistes qui se tapent la tête contre les murs). Et là, comme captés par cette sculpture du flou, tous sont fascinés, pétrifiés, obnubilés ; quelque chose est suspendu à ce suspens.

Je savais que ce qui nous relie c'est ce qui fait déliaison dans l'institution, non pas parce que nous sommes pervers, ce serait trop beau, mais parce que nous avons fait notre place à l'envers dans le monde qui pour pratiquement tout le monde est à l'endroit ; donc il faut inverser. C'est ce que le troubadour initial avait appelé *La fleur inverse*. Nous sommes la fleur inverse de l'université, c'est-à-dire qu'on nous arrosera toujours par les pétales. « Et cela fleurit au pauvre lieu » Hölderlin. Ici, c'est étonnant, c'est loin de tout et près de rien, pourquoi pas. Donc Empédocle d'un autre côté : « Autrefois je fus déjà garçon et fille, buisson, oiseau, muet poisson dans la mer » et on a l'impression que, quand on lit cette phrase du côté du philosophème, on est sur le grand *Livre des mutations* et c'est plus compliqué. Après tout, quand il arrive à la jeune fille, ce que disait François Soulages, c'est qu'on n'arrive pas à la jeune fille par oubli et par rupture, mais on pourrait dire par forclusion du reste. Tout cela se déplace, se condense et, dans le flou, la jeune fille est elle-même aussi à la fois poisson, buisson et oiseau. Donc il y a quelque chose d'un cercle qui est le cercle infiniment flou d'Empédocle.

Il y a quelque chose qui vient dans le flou avec Leopardi : « Longtemps j'aurais aimé ce coteau solitaire ». Alors certains traducteurs proposent « toujours », mais je préfère : « Longtemps j'aurais aimé ce coteau solitaire ». Rien n'est plus flou que le poème. Il n'y a pas, pas plus que « l'aurore aux doigts de roses », pas plus que « il y a dans l'espace une main qui s'est arrêtée »... Je m'appuierai plus tard sur Mallarmé, car tout ce que je dis est un hommage impossible à Mallarmé. « Longtemps j'aurais aimé ce coteau solitaire » ; il n'y a pas de coteau, on ne sait pas où il est, on ne sait pas ce que c'est, le mot « coteau » ne veut rien dire. « Longtemps », c'est immesurable et ça commence comme ça. Vous voyez la différence avec Proust, « Longtemps je me suis couché de bonne heure », c'est autre chose ça quand même.

Mais c'est plus facile de lire le roman que de se dé-lire dans le poème, puisque le poème n'a pas de pagination, ça ne tourne pas, il n'y a pas de pages... Le roman, ce qui est fabuleux, c'est que la pagination sait raconter les pages. Dans le poème, « le compte est déjà clos » ; Rilke : « Marina, ces étoiles qui croulent ! Le nombre est déjà clos, nous ne l'accroissons pas ». C'est avec ce poème : « le compte est déjà clos, nous ne l'accroissons pas », ce qui veut dire que le rapport au nombre est tellement flou qu'il n'est pas possible de le comptabiliser comme consécution, succession et enchaînement. La poésie est donc rupture, destitution et déchaînement. Quand on est poète, on ne peut pas être autre chose qu'anarchiste au sens fondamental comme Dieu, *anarchos*, c'est-à-dire sans principe, puisque si Dieu avait un principe, ce serait sa limitation. Dieu est anarchiste, voilà aussi pourquoi, comme disait Alain tout à l'heure : « Il est mangeable à l'infini » et buvable.

Tout texte est adressé, il est adressé bien sûr en même temps, j'allais dire, dans les deux faces du monde à François et à Alain. J'avais ces images un peu floutées et flottantes qui me revenaient, mais *entre* il y a un peu d'espace, j'espère. J'aurais aimé que la parole qui s'y disperse garde en son envoi, c'est-à-dire l'envoi que je veux faire, cette fluctuation du flou. Plutôt que de parler-de, le faire parler qui *illitéralement* laisse l'indécis dans les limites poreuses dans la peau de la langue. Voilà ce que j'aurais aimé faire, c'est difficile, je ne le tiens pas, mais je le dis puisque je le fais. Flotter derrière, sans possibilité de tenter une définition, de faire de l'*un* à côté de l'*autre*, du multiple, du divers. Certes, les conditions pour tenir un propos qui dans un même temps regarde le thème en en faisant son sujet à son insu, d'où l'insupportable du flou dans l'université ; comment taire donc ce dont il faut parler ? Quelle imposture à la loi du discours en délimitant son intitulé au littéraire ou l'écrit ? Et je pense ainsi que le flou va le destituer afin de laisser dans le flou une grande partie des textes à venir, non lus et illisibles. Pourquoi ? Pour déposer et dépasser du côté de l'ouverture de ce cercle à la fois le poème et le philosophème que j'avais énoncé au départ ; philosophie sous le couvert flouté de Novalis. Puis, pour le dire en laissant imprécisé « mon coup de couteau » parce que j'ai mis un coup de couteau. Je ne défendrai pas ce que je vais dire parce que de toute façon c'est indéfendable, mais je le pense, violemment : beaucoup de romans sont à la poésie ce que la pornographie est à l'érotisme. C'est-à-dire le corps mécanique identifiable, loin de l'Éros qui entoure Aphrodite, déesse née du sperme, du sang, de l'eau. Ça ne se raconte pas ça… Dans un mélange donc je vous dis, qui est écume et l'écume est peut-être l'essence essentielle de l'impersistance permanente du flou. Prenez de l'écume dans la main : cette écume vous ne l'avez pas, vous ne l'avez plus. Touchez-la, elle disparaît. Paul Celan le voit : Qu'est-ce que le poème ? C'est s'appuyer sur des inconsistances. Liée à un flou, l'inconsistance est un flou du sol poétique. François a bien montré l'envers : « Trouvez-moi un point d'appui et je soulèverai le monde ». Nous sommes là dans des espaces radicalement, non pas opposés, mais autres, hétérogènement autres. (Quand tu en parlais, je me disais bien que c'est bien ce dont il est question dans le flou). Lier quoi à l'indicible floraison du sourire des jeunes filles, l'indécis que nulle approche ne saurait défigurer, le trop prêt ? Le flou à travers les mantilles andalouses qui revient dans les rêves drapés de solitude, femmes invisibles et pourtant là, puis peut-être garder à l'esprit que le flou se fiance aux limites, mais ne se marie jamais. Il laisse l'adombration dans l'entraperçu qui retourne et redonne à l'impropre toutes ses qualités : le flou c'est de l'impropre. Il n'y a rien à s'approprier. Nous n'avons pas de propre. Notre intime n'existe pas, c'est un leurre, une croyance. Ce sont les propos marxistes qui sont le plus rétrogrades. Qu'est-ce que l'appropriation ? Au contraire, il faut dé-proprier parce que, comme dit Nietzsche, « Nous croyons encore à Dieu, si nous croyons encore à la grammaire. » À force de nous contraindre à bien voir ce qu'il faut voir, à prévoir, philosophiquement parlant, à prévoir, à savoir, donc à force de nous forcer à l'appropriation comme un faire sien à moi, pour moi, on perd l'initial du flou. Le flou est l'impropre qui ne se laisse pas enfermer ni circonscrire dans les limites du discernable, de l'identique à soi. Il porte la différence en lui-même et se dilue dans son être qu'il n'est pas, puisqu'un être dilué dans son être n'a pas la fonction, ni du côté de Parménide, ni du côté de Platon puisque pour Platon le même est à lui-même le même pour lui-même, ni Aristote bien sûr, où est déjà d'entrée de jeu une opposition entre le poème et le poétique. Lychofron, la langue qui part ; ils ne sont même pas dos-à-dos, puisqu'il suffit de faire le tour et on se retrouve en face-à-face. Le monde pour eux n'est pas rond, voilà pourquoi plus ça diverge, moins ça va se rencontrer, surtout pas une croyance métaphysique du lien constant entre le poème, la littérature et le philosophique. Je ne dis pas qu'il n'y a pas des romans fantastiques, mais ils sont peu : Melville, Bartleby, (Joyce ?), Borges. Vous voyez qu'ils s'arrêtent vite ; après la page 40, ils savent que c'est impossible. C'est-à-dire que ce sont des fragments qui sont floutés aux conditions et aux limites. Ne posez pas de questions là-dessus, c'est indéfendable, mais c'est comme ça. Je n'ai pas à le légitimer, mais je crois qu'il vaut mieux que les gens lisent des romans. Vous vous rendez compte si tout le monde lisait des poèmes ? Il n'y aurait plus aucune saveur à se départir du monde dans lequel nous sommes. Laissez-nous nos poèmes.

Impropre est donc le flou, impur par essence, parce que le fait de pouvoir donner une qualité, un attribut ou une fixité affairante à la chose, à l'objet ou à l'écriture même ouvre peut-être à une possibilité de traversée, de passer entre l'être et lui-même. S'il y a un être du flou, c'est qu'on peut passer à travers cet être lui-même. Et cela reprend ce qu'a dit François sur le passage. Entre l'être et lui-même, entre lui et l'entour, le halo est dans l'objet. Comme si sa non-finitude - cet infini - s'est imposée dans le *continuum* de chaque terme. La langue poétique en rend hommage dans ce qui ouvre le dire en poème à une impossible définition. La clé du poème est dans la lecture du poème lui-même, cela ne signifie pas qu'il faille le relire, cela signifie qu'à chaque instant, le poème se dé-couvre et comme le voile de Maia : il y a toujours un voile derrière le voile, derrière le voile, derrière le voile... et c'est ce qui fait la nudité du poème : il n'y a pas de sémiotique, ni d'explication, je le dirai plus précisément, de l'espace poétique, car c'est là où les mots n'ont plus de sens ; dans le poème, les mots n'ont plus de sens, contrairement à la philosophie, mais je dirais une souveraineté sans emploi, elle n'est pas vide, elle est sans emploi. Elle est quasi vide, sans emploi, c'est là où la langue et le souffle ne font plus qu'un. Chaque mot s'évapore et de volute en volute, comme l'enfant autiste ; le vers impair dilue le sens et la direction chère, trop chère au linguiste. Qu'est-ce qu'est la sémiotique, la linguistique ? Ce sont des voleurs de talent ; mais ne vous inquiétez pas, ils n'en font rien puisqu'ils n'en ont pas. Ils n'enlèveront pas que dans un poème nous voyons jusqu'aux étoiles, et après ? Après, nous ne sommes pas aveugles, qu'est-ce que nous voyons au-delà des étoiles ? C'est ça le poème, c'est ce qui nous permet de voir au-delà des étoiles. La sémiotique est ce qui nous permet de nous fermer les yeux pour retrouver des significations là où le sens part, s'envole.

Après les étoiles : y a-t-il un après ? La pratique après la pratique se dissout, le corps est atomisé. Le flou est peut-être le blanc inaugural qui nous relie au ciel, non pas parce que le ciel est blanc, mais que chaque page, chaque feuillet est à la fois matière et vide, surface et fond, hauteur et profondeur, mais (à ?) la limite est toujours le tracé de la réversibilité qui est toujours floue, imprécise, équivoque et la finalité supposée n'est pas que nous sommes lecteurs, libres d'interpréter le flou qu'il y a entre le spectateur et le poète, l'artiste. Comme s'il y avait du sens à redonner encore une fois au texte en le lisant et en le faisant revenir vers un décryptage. Il vaudrait mieux que l'œuvre - ou le texte - reste à jamais retournée vers elle-même, pour elle-même, en elle-même. Mais c'est difficile à faire. Écrire, qui ferait encore que l'œuvre se construit parce que quelqu'un la regarde, la lit et la reconstruit. Moi, je pense que c'est au contraire le contraire : le libre nous libère de nous-mêmes, le libre-accès à ces choses. Comme le flou nous libère de nous-mêmes parce que du fait d'être spectateur, comme pour l'auteur, nous n'y sommes pour rien et ce sans l'avoir voulu, ni demandé. Ce que je lis rend le poème indécis, flou parce qu'il l'est fondamentalement. Il l'est parce que le poème ouvre des brèches dans le savoir, dans l'histoire et dans la raison, et cette ouverture dépassant toujours l'autoréférence de la définition dans nos flous, sa puissance dont l'acte nous échappe. Vouloir commenter un poème de Rimbaud ou de Mallarmé, c'est vouloir donner une précision, une grille où les mots meurent dans une herméneutique comme volonté de volonté. J'entends que l'espace poétique espace l'espace et ne se rassemble pas. Qu'il ouvre au sans-limite et laisse échapper quelque chose en s'échappant lui-même de cette chose et cela est flou, mais compliqué à montrer. N'attendez pas en parlant du flou que je sois dans une démonstration de type *rapport de cause à effet* puisque je manquerais au propos que je tiens, voilà pourquoi le flou induit de le penser et de le faire venir vers nous en nous échappant et en s'échappant de nous. C'est un espace paradoxal et je pense que dans deux ans à l'université on ne pourra même pas envisager que c'était envisageable. Nous tirons nos dernières cartouches, mais malheureusement nous ne tuerons pas tout le monde, nous ne sommes pas Jarry (?) qui dit « Je tuerai tout le monde et puis je m'en irai. » Mais on partira avant d'avoir tué tout le monde, c'est comme ça.

Le poème n'a pas d'objet. Ou alors il est déjà depuis toujours quantique, il est le chat de Schrödinger, ce chat qui est à la fois mort et vivant en même temps, ce n'est pas sur l'ordre de l'indécidabilité que ça se joue uniquement, ça se joue sur l'ordre du flou. Ces passages vie-mort, jour-nuit, hiver-été, même homme-femme qui devraient être repris non pas comme nouvelle topologie, typologie du genre qui s'est enfermé dans son propre genre. Ouvrez.

Le flou s'adonne poétiquement parlant à la possibilité en la retirant. Voir alors l'indicible rayon qui laisse l'arrière-fond venir à travers les mots et c'est aussi cela le poème. Avec Mallarmé *Variations sur un sujet*, tout est là : « Je dis une fleur et hors de l'oubli où ma voix relègue aucun contour en tant que quelque chose d'autre que les calices sus musicalement se lève l'idée-même et suave, l'absente de tout bouquet. » Chaque poème, me semble-t-il, serait fondamentalement écrit dans le flou de l'entrebâillement des mots au contour indécis, là où la parole vacille, où les limites deviennent poreuses et où la différence entre l'*Umwelt* et l'*Imwelt* n'a plus de sens.

Donc pour conclure : là où peut-être le tout proche et le lointain se donnent à travers, parce qu'à travers le flou que voit-on ? On voit que ce qui est flou laisse revenir vers nous le fond comme forme et la forme comme fond et non pas dans une opposition. Bien évidemment, nous n'envisageons pas le flou dans son être-vu, mais dans son être-écriture. Il y a donc dans ce contour, que j'ai essayé de proposer autour de l'indétermination du rapport, (syntaxe) que tout ce qui n'est pas là reste dans le flou dont l'indifférence me semble s'accorder avec l'idée du flou comme communauté, pas du tout la communauté au trait unaire dont parle Freud, une autre communauté. Pas non plus la communauté de Blanchot ; communauté de la possibilité de la *res publica*, mais que ce *res* soit le rien du flou opposé bien sûr à la démocratie.

Pour finir, cette parole d'un enfant autiste « Dans le flou j'étais intégré ». Je n'ai pas le temps de le développer, mais c'est quelque chose de très particulier. Les enfants autistes de ce niveau ne peuvent pas supporter la précision discriminante des objets parce que chaque objet est une menace d'engouffrement. Ce n'est ni psychanalytique, ni psychologique, c'est un rapport à l'autisme qui s'enclenche ou qui se détermine au-delà de la clinique.

Si j'osais, j'irais jusqu'à dire que le flou - l'indécis - prend à contre-pied les sciences humaines et sociales : d'abord il restera toujours sans effet et sans pourquoi, il ne transmet aucun objet, aucune connaissance, disons qu'il ne transmet rien parce qu'au fond il n'engendre rien et au fond peut-être parce qu'il n'y a rien à transmettre sauf la trace effacée d'une absence, l'« absente de tout bouquet » dont parle Mallarmé, le couteau de Lichtenberg (?) qui lui au moins n'a jamais tué personne sauf les protagonistes du positivisme, du naturalisme et de l'utilitarisme.

Laissons en suspens le temps de conclure autour du flou. Conclure pour moi cela veut dire : conclure pourquoi ?

Peu m'importe.

Peu m'importe quoi ?

Peu m'importe.

**Bernard Salignon**

# Table des matières

**Introduction. Travaillez le flou !** 5
*François Soulages, Professeur des universités, Université Paris 8 & INHA, membre du Labo AIAC, Président-fondateur de RETINA.International*

## ŒUVRES

**1. Le flou, moteur de la littérature.
En partant de Modiano** 9
*François Soulages*

**2. *Pedigree*. Modiano, Simenon** 31
*Caroline Blanvillain, maître de conférences, Université de Montpellier, membre associé de RETINA.International & du Labo AIAC*

**3. Le rêve, la littérature & le flou** 53
*Pedro San Ginès Aguilar, Professeur des universités, Université de Grenade (Espagne), Responsable de RETINA.Espana, membre associé du Labo AIAC*

**4. Du mouvement flou à l'amour fou. André Breton** 67
*Eric Bonnet, Professeur des universités, Université Paris 8, Directeur du Labo AIAC, membre de RETINA.International*

**5. Vagues images & écritures flottantes
à la frontière du rivage. Darrieussecq, Duras, Woolf** 79
*Valérie Cavallo, docteure en esthétique*

## PROPOSITIONS

### Nomination

**6. Le flou de la nomination : une histoire d'œil** 97
*Alain Milon, Professeur des universités, Université de Paris Ouest Nanterre*

**7. Connaissance par le flou & suspensivité.
La littérature moderne** 113
*Alain Mons, Professeur des universités, Université Bordeaux III Michel de Montaigne*

### Genre

**8. Note sur le genre flou** 133
*Christian Doumet, Professeur des universités, Sorbonne-Université*

**9. Le flou rare de la prose poétique** 139
*Dominique Chateau, Professeur émérite des universités, Université Paris 1-Panthéon-Sorbonne*

### Poème

**10. Le flou du premier plan.
Position d'existence, trouble de penser** 149
*Alain Chareyre-Méjan, Professeur des universités, Université Aix-Marseille*

**11. Quand le flou à l'indécis se joint** 157
*Bernard Salignon, Professeur des universités, Université Montpellier 3*

# Du même auteur

## Méthode
*Recherche & Bibliothèque*, (codir.), Paris, PUV, 2004.
*Une femme philosophe, dialogue avec Christine Buci-Glucksmann*, Paris, Klincksieck, 2008.

## Altérité
*Dedans/Dehors*, photos de Marc Pataut, Paris, Faut Voir, 1984.
*Photographie et inconscient*, (dir.), Paris, Osiris, 1986.
*L'alphabet indien*, avec des photos de Marc Pataut, Aubervilliers, La Maladrerie, 1986.
*Proximité*, avec des photos de Gérard Moulin, Paris, Argraphie, 1987.
*Moments éphémères*, avec des photos de Catherine Brebel, Paris, Argraphie, 1988.
*Communications & entreprises*, (dir.), Paris, Argraphie, 1992.
*L'homme effacé, Vymazany Muz*, Bratislava, Albert Marencin, Vydavatel'stvo PT, 2007.
*O sensível contemporâneo*, (codir.), Salvador, UFBA, 2011.
*Les frontières du flou*, (codir.), Paris, L'Harmattan, collection *Eidos*, série RETINA, 2013.
*Pratiques et usages numériques*, (codir.), Paris, Lavoisier, 2013.
*Le corps-internet*, Sofia, Editions Ciela, collection Liber Liber, 2014.
*L'homme qui rêve*, (codir.), Paris, L'Harmattan, collection *Eidos*, série RETINA, 2015.
*Les frontières des rêves*, (codir.), Paris, L'Harmattan, collection *Eidos*, 2015.
*Les frontières de l'écran*, (codir.), Paris, L'Harmattan, collection *Eidos*, 2015.
*RETINA.Internacional : Autofotobiografemáticos*, (codir.), Brasilia, Univ Fed Brasilia, 2015.
*Frontières des mouvements autophotobiographématiques,*, (codir.), Paris, L'Harmattan, 2016.
*Egonline. Du selfie*, (codir.), Paris, L'Harmattan, collection *Eidos*, série RETINA, 2017.
*Les frontières des langues*, (dir.), Paris, L'Harmattan, collection *Eidos*, série RETINA, 2017.
*La vie hors sujet. De la philosophie à l'art & retour*, (dir.), Paris, L'Harmattan, 2018.
*La crise du visage*, (dir.), Paris, L'Harmattan, collection *Eidos*, série RETINA, 2018.

## Art
*Communications, littératures et signes*, (dir.), Paris, Argraphie, 1992.
*Dialogues sur l'art & la technologie, Autour de Couchot*, (dir.), Paris, L'Harmattan, 2001.
*Relire Kosztolanyi*, (dir.), Paris, L'Harmattan, 2006.
*Barroco & interface e arts hybridas*, (codir.), Salvador, Cultura visual, 2006.
*Vera Chaves Barcellos, obras imcompletas*, Porto Alegre, Editora Zouk, 2009
*La ville & les arts*, (dir.), Paris, L'Harmattan, collection *Eidos*, série RETINA, 2011.
*Portrait anonyme*, (codir.), Paris, L'Harmattan, collection *Eidos*, série RETINA, 2013.
*Les frontières du flou au cinéma*, (codir.), Paris, L'Harmattan, collection *Eidos*, 2014.
*Lieux & mondes. Arts, cultures & politiques*, (codir.), Paris, L'Harmattan, 2015.
*Malraux, le passeur de frontières*, (dir.), Paris, L'Harmattan, collection *Eidos*, 2015.
*Art & reconstruction*, (codir.), Paris, L'Harmattan, collection *Eidos*, série RETINA, 2017.
*Art & extériorité*, (codir.), Paris, L'Harmattan, collection *Eidos*, série RETINA, 2017.
*De la photographie au post-digital. Le post-contemporain*, (codir.), Paris, L'Harmattan, 2017.
*Esthétique & connectivité*, (codir.), Paris, L'Harmattan, collection *Eidos*, 2018.
*Espace public & espace artistique. Frontières sans-art & art.*, (dir.), Paris, L'Harmattan, 2018.
*Le flou & la littérature*, (codir.), Paris, L'Harmattan, collection *Eidos*, 2018.
*Bernard Gerboud*, (dir.), Paris, L'Harmattan, collection *Eidos*, série RETINA, 2018.

## Art & politique : frontières
*Géoartistique & Géopolitique. Frontières*, (dir.), Paris, L'Harmattan, 2013.
*Frontières géoculturelles et géopolitiques*, (codir.), Paris, L'Harmattan, 2013.
*Biennales d'art-contemporain & frontières*, (dir.), Paris, L'Harmattan, 2014.
*Memoria territorial y patrimonial*. (codir.), Lima, Univ Major San Marcos Fondo Editorial, 2014
*Fronteras, conflictos & paz*, Granada, (codir.), Universidad de Granada, 2014.
*Frontières, Conflits & Paix*, (codir.), Paris, L'Harmattan, 2014.
*Frontières & artistes. Espace public, (post)colonialisme, mobilité Méditerranée*, (codir.), Paris, L'Harmattan, 2014.
*Mondialisation & frontières. Arts, cultures & politiques*, (dir.), Paris, L'Harmattan, 2014.

*Frontières & migrations. Allers-retours géoartistiques & géopolitiques*, (codir.), Paris, L'Harmattan, 2015.
*Frontières & mémoires, arts & archives*, (codir.), Paris, L'Harmattan, 2015.
*Frontières & dictatures. Images, regards, Chili, Argentine*, (codir.), Paris, L'Harmattan, 2016.
*Arts & Frontières, Espagne & France, XX$^{ème}$ siècle*, (codir.), Paris, L'Harmattan, 2016.
*Fronteras, Memorias, Artes y Archivos*, (codir.), Buenos Aires, ArtexArte, 2016.
*Fronteras, Memoria y Exilio*, (codir.), Grenade, Eug & L'Harmattan, 2017

### Image
*Image du corps et corps vivant*, (dir.), Toulon, Ecole des Beaux-Arts, 1988.
*Images des-dires*, (dir.), Paris, Argraphie, 1990.
*La couleur réfléchie*, (codir.), Paris, L'Harmattan, 2001.
*Image, inconscient & entreprise*, (codir.), Paris, Humanisme & entreprise, 2005.
*O corpo da imagem, a imagem do corpo*, (codir.), Salvador, Cultura visual, 2005.
*Les images de l'historien, dialogue avec Pierre Vidal-Naquet*, Paris, Klincksieck, 2007.
*Images d'images*, (codir.), Paris, L'Harmattan, collection *Eidos*, série Photographie, 2017.
*Les frontières du visible. New York*, (codir.), Paris, L'Harmattan, 2018.

### Photographie & politique
*Politiques de la photographie du corps. Photographie & corps politiques, 1, France*, (codir.), Paris, Klincksieck, collection L'image & les images, 2007.
*Fotografia es politikai test. Photographie & corps politiques, 2, Hongrie*, (dir.), Budapest, Lettre Internationale, 69 szàm, 2008 nyàr, 2008.
*Imagem da Cidade e Corpo Politico. Photographie & corps politiques, 3, Salvador, Brésil*, (codir.), Salvador, Cultura visual, 2008.
*Du Printemps de Prague à la Chute du Mur de Berlin. Photographie & politique. Photographie & corps politiques, 4, Slovaquie*, (codir.), Paris, Klincksieck, 2009.
*Corps photographiques & corps politiques. Photographie & corps politiques, 5, Canada*, (codir.), Chicoutimi, Protée, 2009.
*Ausencia y Presencia. Fotografia y cuerpos poliricos, 6, Argentina*, (codir.), La Plata, Edulp, 2011.
*Le pouvoir & les images. Photographie & corps politiques, 7, Grèce*, (dir.), Paris, Klincksieck, 2011.
*Fotografia y poder. Photographie & pouvoir. Representacion del cuerpo en la imagen contemporanea. Asia-Europa. Photographie & corps politiques, 8, Espagne*, (codir.), Grenade, Comares, 2012.
*L'homme disparu. Photographie & corps politiques, 9*, (codir.), Paris, L'Harmattan, 2016.
*Images serviles, images critiques. Photographie & corps politiques 10*, (dir.), Paris, L'Harmattan, 2017.
*Photographie, médias & capitalisme 1*, (codir.), Paris, L'Harmattan, 2009.
*Photography, Media, Capitalism 2*, (codir.), Séoul, K-SAD, 2009.
*La crise de la représentation. Photographie, media & capitalisme 3*, (dir.), Paris, L'Harmattan, 2018.

### Esthétique de la photographie
*Esthétique de la photographie. La perte et le reste*, (1998) Paris, Armand Colin, 2018.
*Création (photographique) en France*, Toulon, Musée de Toulon, 1988.
*Photographie & contemporain*, (dir.), Paris, L'Harmattan, 2009.
*Photographie contemporaine & art contemporain*, (codir.), Paris, Klincksieck, collection L'image & les images, 2012.
*La experiencia fotográfica en diálogo con las experiencias del mundo*, (codir.), Buenos Aires, Cuaderno 59, 2015.
*Photographie & extériorité*, (codir.), Paris, L'Harmattan, collection *Eidos*, série Photographie, 2017.
*Esthétique de la photographie de chantier*, (codir.), Paris, L'Harmattan, collection *Eidos*, série Photographie, 2017.
*Temps. Littérature & photographie*, (codir.), Paris, L'Harmattan, 2018.

## Suite des livres publiés dans la Collection Eidos

*by RETINA.International*

**dirigée par François Soulages & Michel Costantini**

### Série PHOTOGRAPHIE

2 François Soulages (dir.), *Photographie & contemporain*
8 Catherine Couanet, *Sexualités & Photographie*
9 Panayotis Papadimitropoulos, *Le sujet photographique*
10 Anne-Lise Large, *La brûlure du visible. Photographie & écriture*
15 Michel Jamet, *Photos manquées*
16 Michel Jamet, *Photos réussies*
19 Marc Tamisier, *Sur la photographie contemporaine*
20 Marc Tamisier, *Texte, art et photographie. La théorisation de la photographie*
21 François Soulages & Julien Verhaeghe (dir.), *Photographie, médias & capitalisme*
22 Franck Leblanc, *L'image numérisée du visage*
23 Hortense Soichet, *Photographie & mobilité*
24 Benjamin Deroche, *Paysages transitoires. Photographie & urbanité*
25 Philippe Bazin, *Face à faces*
26 Philippe Bazin, *Photographies & Photographes*
**27 Christiane Vollaire (dir.), *Ecrits sur images. Sur Philippe Bazin***
32 Catherine Rebois, *De l'expérience en art à la re-connaissance*
33 Catherine Rebois, *De l'expérience à l'identité photographique*
34 Benoit Blanchard, *Art contemporain, le paradoxe de la photographie*
45 Marcel Fortini, *L'esthétique des ruines dans la photographie de guerre*
47 Caroline Blanvillain, *Photographie et schizophrénie*
53 Rosane de Andrade, *Photographie & exotisme. Regards sur le corps brésilien*
54 Raquel Fonseca, *Portrait & photogénie. Photographie & chirurgie esthétique*
57 Agathe Lichtensztejn, *Le selfie aux frontières de l'egoportrait*
59 Zoé Forget, *Le corps hors norme dans la photographie contemporaine*
79 Bertrand Naivin, *Selfie, un nouveau regard photographique*
84 Cristina Dias de Magalhães, *Vues de dos. Espace d'identité & de création*
85 B. d'Angelo, F. Soulages & S. Venturelli (codir.), *Frontières des mouvements autophotobiographématiques. RETINA*
86 Gilles Picarel, *Photographie & altérité*
92 François Soulages & Silvia Solas (codir.), *L'homme disparu. Photographies & corps politiques, 9*
95 Alejandra Niedermaier, *La femme photographe en Amérique latine*
97 Bruno Zorzal, *Les photos, un matériau pour la photographie*
98 Bruno Zorzal, *Esthétique de l'exploitation photographique des photos déjà existantes*
99 François Soulages (dir.), *Image servile, image critique. Photographie & corps politiques 10*
100 François Soulages (dir.), *La vie hors sujet. De la philosophie à l'art & retour*
107 B. D'Angelo, F. Soulages & S. Venturelli (codir.), *De la photographie au post-digital. Du contemporain au post-contemporain*
111 Rodrigo Zuniga, *Ultra-peau. Au-delà de la dermatologie photographique*
112 François Soulages & Gilles Picarel (codir.), *Photographie & extériorité*
114 François Soulages & Agathe Lichtensztejn (codir.), *Ego/o/nline. Du selfie*
115 François Soulages & Angèle Ferrere (codir.), *Esthétique de la photographie de chantier*
116 François Soulages & Bruno Zorzal (codir.), *Images d'images*
120 Biagio D'Angelo & François Soulages (codir.), *Temps. Photographie & littérature. Écrits parisiens 2017-8, 2*

### Série ART

3 François Soulages (dir.), *La ville & les arts*
13 Eric Bonnet (dir.), *Le Voyage créateur*
30 François Soulages & Pascal Bonafoux (dir.), *Portrait anonyme*

31 Julien Verhaeghe, *Art & flux. Une esthétique du contemporain*
37 Gezim Qendro, *Le surréalisme socialiste. L'autopsie de l'utopie*
38 Nathalie Reymond *À propos de quelques peintures et d'une sculpture*
39 Guy Lecerf, *Le coloris comme expérience poétique*
41 Pascal Bonafoux, *Autoportrait. Or tout paraît*
42 Kenji Kitayama, *L'art, excès & frontières*
43 Françoise Py (dir.), *Du maniérisme à l'art post-moderne*
48 Marc Veyrat, *La Société i Matériel. De l'information comme matériau artistique, 1*
51 Patrick Nardin, *Effacer, Défaire, Dérégler... entre peinture, vidéo, cinéma*
55 Françoise Py (dir.), *Métamorphoses allemandes & avant-gardes au XX$^e$ siècle*
58 F. Soulages & A. Erbetta (dir.), *Frontières & migrations. Allers-retours géoartistiques & géopolitiques*
65 Marc Veyrat, *Never Mind, De l'information comme matériau artistique, 2*
72 Sandrine Le Corre, *Frontières & arts. De l'opacité à la fraternité*
78 C. Bodet, A. Chareyre-Méjan & L. Iacovo (dir.), *Dimension poétique*
80 A. M. Mora Luna & P. Ordóñez Eslava (dir.), *Les arts en [temps de] crise*
87 Angèle Ferrere, *Du chantier dans l'art contemporain*
90 A. M. Mora Luna, P. Ordóñez Eslava & F. Soulages (codir.), *Arts & Frontières, Espagne & France*
91 J.-F. Desserre, *L'image peinte. Enjeux & perspectives de la peinture figurative des années 1990 à nos jours*
94 Qing Chen, *Mise en scène d'un corps performatif. Entre identité & altérité*
102 Eric Bonnet & Qing Chen (codir.), *JE est un autre. Art contemporain en Chine & en France*
103 François Soulages & Alejandro Erbetta (codir.), *Art & reconstruction*
108 Michel Godefroy, *Esthétique & psychiatrie*
113 François Soulages & Gilles Picarel (codir.), *Art & extériorité*
122 B. D'Angelo, F. Soulages & S. Venturelli (codir.), *Esthétique & connectivité*
123 François Soulages (dir.), *Espace public & espace artistique. Frontières entre sans-art & art*

### Série ARTISTE

17 Manuela de Barros, *Duchamp & Malevitch. Art & Théories du langage*
44 Bertrand Naivin, *Roy Lichtenstein, De la tête moderne au profil Facebook*
50 Marc Giloux, *Anon. Le sujet improbable, notations, etc.*
52 Alain Snyers, *Le récit d'une œuvre 1975-2015*
104 Raphaël Yung Mariano, *Scènes de la vie familiale. Ingmar Bergman*
106 François Py (dir.), *De l'art cinétique à l'art numérique. Franck Popper*
118 François Soulages & Sophie Armache Jamoussi, *Masques & identités. Bernard Kœst*

### Série SÉMIOTIQUE

1 Michel Costantini (dir.), *Ecce Femina*
5 Groupe EIDOS, *L'image réfléchie. Sémiotique et marketing*
4 Michel Costantini (dir.), *Sémiotique du beau*
6 Michel Costantini (dir.), *L'Afrique, le sens. Représentations, configurations, défigurations*
7 Pascal Sanson & Michel Costantini (dir.), *Le paysage urbain*
28 M. Tamisier & M. Costantini (dir.), *Opinion, Information, Rumeur, Propagande*
29 Michel Costantini (dir.), *La sémiotique visuelle : nouveaux paradigmes*
46 Michel Costantini (dir.), *Sémiotique des frontières, art & littérature*

**créée & dirigée par François Soulages**
1. Alejandro Erbetta, *Frontières & mémoires*
2. Gilles Picarel, *Les frontières de l'extériorité*
3. Alejandro Erbetta, *Aux frontières de l'oubli*
4. Bernard Kœst, *J'aurais temps aimé ! Aux frontières d'Argenton*
5. Éric Bonnet, *Frontières, limbes & milieux*
6. Gilles Picarel, *Affleurement*

CRITIQUE ET ÉTUDES LITTÉRAIRES

AUX ÉDITIONS L'HARMATTAN

*Dernières parutions*

**ÉCRIRE POUR VIVRE**
*Saint-Aubin Elfakir Véronique*
Toute création est à la fois tissée de mélancolie et de beauté, à l'image de cette vie humaine qui porte la marque d'une déchirure ou d'une incomplétude dont le langage se fait l'écho. Par quel effet de transmutation, ce manque à être qui nous fonde devient-il ce ferment de l'écriture où la souffrance se met à l'œuvre ? Le propos de cet essai est de montrer comment, à travers le témoignage des écrivains eux-mêmes, un sujet se soutient ou se constitue par le biais de l'écriture et apporte une réponse toujours singulière à cette question de la douleur.
*(Coll. Approches littéraires, 15.00 euros, 130 p.)*
*ISBN : 978-2-343-12288-5, ISBN EBOOK : 978-2-14-004174-7*

**LES COSTUMES, LA MODE ET LES UNIFORMES DANS L'ŒUVRE D'HERGÉ**
*Merand Patrick*
Au cours de ses nombreux voyages, de 1929 à 1976, Tintin n'hésite pas à se fondre parmi la population qui l'entoure en adoptant ses costumes. La lecture des albums des aventures de Tintin permet d'analyser presque un demi-siècle de mode vestimentaire en Europe et d'admirer des costumes venus des pays où Tintin était censé exercer son métier de reporter : en Amérique, en Asie, en Afrique. Hergé a mis un soin particulier à reproduire les vêtements de l'époque des habitants des pays traversés par son héros.
*(Coédition Sépia, 15.00 euros, 96 p.)*
*ISBN : 979-1-03340-122-3, ISBN EBOOK : 978-2-84280-794-8*

**SÉMIOTIQUE DU SENSIBLE ET LITTÉRATURE**
Analyse d'*Un cœur simple* (**Flaubert**), de *La Symphonie pastorale* (**Gide**) et de *La Morte amoureuse* (**Gautier**)
*Ben Mahjouba Abbès*
À la faveur de son ouverture à la phénoménologie, la sémiotique a pu se renouveler pour s'intéresser à la dimension sensible du sens. C'est dans cette perspective que cet ouvrage s'inscrit en interrogeant trois textes pour en proposer une lecture qui se tourne résolument vers les états d'âme. Comment dire (et se dit) le sensible ? Telle est la question centrale de l'ouvrage qui se

penche sur la place du corps dans l'engendrement du sens et sur les conditions d'émergence de la valeur esthétique.
*(Coll. Espaces Littéraires, 26.00 euros, 252 p.)*
*ISBN : 978-2-343-12190-1, ISBN EBOOK : 978-2-14-004240-9*

## LE CONCEPT D'HUMOUR PERVERS CHEZ SADE
### Concept d'humour pervers chez Sade – Une analyse psychobiographique
*Mazieres Frédéric*
Dans le cadre d'une approche psychobiographique des œuvres romanesques les plus violentes du marquis de Sade, l'auteur analyse le modèle psychopathologique de l'écrivain, où comment les traumatismes de son enfance et ses incarcérations eurent un impact sur la structure et l'évolution de son inquiétante personnalité. Entre psychanalyse, psychiatrie et critique littéraire, l'auteur détaille en quoi les procédés littéraires utilisés par Sade tels que le comique et l'humour pervers constituent des symptômes de sa perversité.
*(Coll. L'oeuvre et la psyché, 37.00 euros, 362 p.)*
*ISBN : 978-2-343-11184-1, ISBN EBOOK : 978-2-14-004361-1*

## LE GOÛT DE LA MAIN DANS L'ŒUVRE-VALÉRY (Études et essais)
*Biehler Jean-Philippe - Préface de William Marx*
Dans cet essai, il sera question de l'idée de la main dans « l'Œuvre-Valéry », mais aussi de Madame Nicole Celeyrette-Piétri. Beaucoup la connaissent pour la finesse de ses analyses et elle reste l'une des principales figures et animatrices de la scène valéryenne. Mais surtout, avec ferveur et passion, elle a été la principale inspiratrice de l'édition intégrale des *Cahiers 1894-1914* de Paul Valéry. L'auteur de cet essai, quant à lui, est avant tout un lecteur passionné de Paul Valéry qui propose une lecture, peut-être plus perspectiviste, plus variée, sur l'idée de la main dans l'Œuvre-Valéry.
*(22.50 euros, 222 p.)*
*ISBN : 978-2-343-12658-6, ISBN EBOOK : 978-2-14-004325-3*

## L'AVENTURE AMBIGUË
### Un témoignage sur la condition humaine
*Sous la direction du Pr Amadou Ly*
Cet ouvrage regroupe les actes du colloque pour le cinquantenaire de la parution de *L'Aventure ambiguë* de Cheikh Hamidou Kane qui s'est tenu à l'université Cheikh Anta Diop de Dakar en 2011. Il propose d'établir un bilan, de revisiter cette œuvre qui a été au programme de nombreuses universités sur les cinq continents, d'en proposer une relecture à la lumière des champs sociopolitique, culturel et civilisationnel qui prévalent aujourd'hui au Sénégal, en Afrique et dans le monde.
*(Harmattan Sénégal, 31.00 euros, 300 p.)*
*ISBN : 978-2-343-12539-8, ISBN EBOOK : 978-2-14-004338-3*

## L'IMAGE DE LA FEMME DANS L'ŒUVRE ROMANESQUE DE RACHID MIMOUNI
*Kouadria Souha*
Rachid Mimouni peint une réalité algérienne. Il revisite un passé douloureux pour comprendre le tumultueux présent des années quatre-vingt-dix dans

lesquelles baigne son œuvre. Ce travail se veut introspectif d'une société en mutation par le biais de la femme. La première partie est une analyse exhaustive de tous les personnages féminins et de leur fonction dans le récit. La deuxième partie transcende l'aspect discursif pour déduire les représentations de la femme arabo-musulmane aux prises avec les évènements historiques.
*(Coll. Terrains sensibles, 24.50 euros, 228 p.)*
*ISBN : 978-2-343-11821-5, ISBN EBOOK : 978-2-14-004096-2*

## LE MARRONNAGE DANS LA LITTÉRATURE CARIBÉENNE
*Roch Alexandra*
La littérature caribéenne d'expression anglaise et française se caractérise aujourd'hui par une véritable remise en question, voire une déconstruction des normes occidentales imposées. Née dans un contexte de violence et de dénigrement de l'être noir, cette littérature est marquée par une forme de résistance qui s'enracine dans le marronnage historique. L'objectif de cette étude est de montrer que les processus de créativité contemporains font usage du passé, notamment du marronnage, comme démarche émancipatrice de l'art et de la littérature caribéenne.
*(Coll. Critiques Littéraires, 34.00 euros, 328 p.)*
*ISBN : 978-2-343-11977-9, ISBN EBOOK : 978-2-14-004238-6*

## FRONTIÈRES LINGUISTIQUES EN CONTEXTES MIGRATOIRES
**Citoyennetés en construction**
*Sous la direction de Gorovitz Sabine*
Les frontières n'ont jamais arrêté la circulation des hommes et des femmes dans le monde. Envahisseurs, colons, migrants, réfugiés, déplacés, voyageurs ne cessent de les traverser dans tous les sens, mêlant langues et coutumes au contact des autochtones. Les auteurs de cet ouvrage explorent, tour à tour, les contextes dans lesquels se sont forgés les rapports entre langues et frontières aux niveaux politique et idéologique, en accordant une large place à l'observation des pratiques langagières et à l'analyse des dialogues et des interactions entre locuteurs de langues différentes.
*(Coll. Espaces discursifs, 29.00 euros, 294 p.)*
*ISBN : 978-2-343-12453-7, ISBN EBOOK : 978-2-14-004233-1*

## ÉCRIRE
**Admittatur et imprimatur**
*Carlos K. Debrito*
Écrire implique toujours une réflexion sur son intérêt et son opportunité. Une dynamique qui a imposé, au fil des siècles, des règles et des questionnements. Et les réponses furent sempiternellement ajournées. C'est pourquoi l'auteur de cet essai entend tracer une ligne de pensée, une certaine approche des créations littéraires et expressions collectives de l'écriture sur lesquelles il s'appuie pour illustrer son questionnement. Les œuvres et courants analysés servent également de fil conducteur à cet essai.
*(27 euros, juin 2017, 268 pages)*
*ISBN : 978-2-343-12289-2, ISBN PDF : 978-2-140-03959-1*

## DON QUICHOTTE
### Visages d'une morale en proverbes
*Chauvin Gérard*

La morale du bien et du mal vise à rectifier les défauts de l'âme, à résoudre ses confusions et contradictions, à la régénérer en vue de son élévation spirituelle. Au-delà du roman picaresque, l'illustrissime héros de Cervantès nous livre une sagesse morale, exposée à travers le corps dialogique de quelque 400 proverbes, sentences et dictons. Nous en montrons la cohésion avec la Sainte Écriture, l'imitation et la mystique de Jean de la Croix.
*(27.00 euros, 252 p.)*
*ISBN : 978-2-343-11896-3, ISBN EBOOK : 978-2-14-003958-4*

## DIDEROT EN ITALIE
### Avatars, masques, miroirs d'un philosophe
*Quintili Paolo, D'Antuono Giuseppina*

Cet ouvrage reconstruit la destinée italienne de Diderot à part entière. Après une première phase importante de diffusion de sa pensée, la fortune de Diderot a subi les ravages des courants cléricaux anti-Lumières. Ce n'est que dans les années 1960 qu'il y eut une réviviscence de sa philosophie. La civilisation italienne contemporaine a donc aussi, parmi ses «pères fondateurs», ce Diderot qui a été jugé de façon contradictoire, sinon oublié.
*(Coll. Rationalismes, 26.00 euros, 246 p.)*
*ISBN : 978-2-343-10446-1, ISBN EBOOK : 978-2-14-004046-7*

## STYLISTIQUE ET POÉTIQUE
### Pour une lecture impliquée de la poésie africaine
*Kouabenan-Kossonou François - Préface de Louis Millogo*

La stylistique des textes et la poétique des genres et des formes littéraires coopèrent dans la pratique en préservant leurs principes doctrinaux et compétences propres. Cet ouvrage tente d'apporter une justification théorique à cette condition fondamentale, avant de proposer deux lectures conjointes à un échantillon de la poésie africaine francophone.
*(Harmattan Côte-d'Ivoire, 26.00 euros, 264 p.)*
*ISBN : 978-2-343-10582-6, ISBN EBOOK : 978-2-14-004017-7*

## LA CRISE DE LA CONSCIENCE IRANIENNE
### Histoire de la prose persane moderne (1800-1980)
*Balay Christophe*

Pour les Iraniens, toute expérience humaine prend tôt ou tard une forme littéraire. Dans la longue tradition littéraire iranienne, c'est la forme poétique qui assume ce rôle, constitue l'axe autour duquel s'enroule l'ensemble du système. Mais la grande crise des XIXe et XXe siècles opère un déplacement de l'axe. La prose conquiert peu à peu une place nouvelle dans un échange permanent avec l'idéologie politique et sociale. L'auteur met en perspective le phénomène de la naissance et du développement de cette prose littéraire en montrant à quel point son destin est intimement lié à celui de l'Iran politique, social, économique et culturel.
*(Coll. L'Iran en transition, 39.00 euros, 536 p.)*
*ISBN : 978-2-343-11779-9, ISBN EBOOK : 978-2-14-004062-7*

## STRUCTURES ÉDITORIALES DU GROUPE L'HARMATTAN

**L'HARMATTAN ITALIE**
Via degli Artisti, 15
10124 Torino
harmattan.italia@gmail.com

**L'HARMATTAN HONGRIE**
Kossuth l. u. 14-16.
1053 Budapest
harmattan@harmattan.hu

---

**L'HARMATTAN SÉNÉGAL**
10 VDN en face Mermoz
BP 45034 Dakar-Fann
senharmattan@gmail.com

**L'HARMATTAN MALI**
Sirakoro-Meguetana V31
Bamako
syllaka@yahoo.fr

**L'HARMATTAN CAMEROUN**
TSINGA/FECAFOOT
BP 11486 Yaoundé
inkoukam@gmail.com

**L'HARMATTAN TOGO**
Djidjole – Lomé
Maison Amela
face EPP BATOME
ddamela@aol.com

**L'HARMATTAN BURKINA FASO**
Achille Somé – tengnule@hotmail.fr

**L'HARMATTAN CÔTE D'IVOIRE**
Résidence Karl – Cité des Arts
Abidjan-Cocody
03 BP 1588 Abidjan
espace_harmattan.ci@hotmail.fr

**L'HARMATTAN GUINÉE**
Almamya, rue KA 028 OKB Agency
BP 3470 Conakry
harmattanguinee@yahoo.fr

**L'HARMATTAN ALGÉRIE**
22, rue Moulay-Mohamed
31000 Oran
info2@harmattan-algerie.com

**L'HARMATTAN RDC**
185, avenue Nyangwe
Commune de Lingwala – Kinshasa
matangilamusadila@yahoo.fr

**L'HARMATTAN MAROC**
5, rue Ferrane-Kouicha, Talaâ-Elkbira
Chrableyine, Fès-Médine
30000 Fès
harmattan.maroc@gmail.com

**L'HARMATTAN CONGO**
67, boulevard Denis-Sassou-N'Guesso
BP 2874 Brazzaville
harmattan.congo@yahoo.fr

---

## NOS LIBRAIRIES EN FRANCE

**LIBRAIRIE INTERNATIONALE**
16, rue des Écoles – 75005 Paris
librairie.internationale@harmattan.fr
01 40 46 79 11
www.librairieharmattan.com

**LIB. SCIENCES HUMAINES & HISTOIRE**
21, rue des Écoles – 75005 Paris
librairie.sh@harmattan.fr
01 46 34 13 71
www.librairieharmattansh.com

**LIBRAIRIE L'ESPACE HARMATTAN**
21 bis, rue des Écoles – 75005 Paris
librairie.espace@harmattan.fr
01 43 29 49 42

**LIB. MÉDITERRANÉE & MOYEN-ORIENT**
7, rue des Carmes – 75005 Paris
librairie.mediterranee@harmattan.fr
01 43 29 71 15

**LIBRAIRIE LE LUCERNAIRE**
53, rue Notre-Dame-des-Champs – 75006 Paris
librairie@lucernaire.fr
01 42 22 67 13